어린이를 위한
몰입의 힘

ⓒ 전지은, 2021

이 책의 저작권은 저자에게 있습니다.
저작권법에 의해 보호를 받는 저작물이므로
저자의 허락 없이 무단 전재와 복제를 금합니다.

내가 좋아하는 것을 발견하고
끝까지 집중하는 힘

어린이를 위한
몰입의 힘

전지은 지음 | 유영근 그림 | 노규식 감수

비즈니스북스

어린이를 위한 몰입의 힘

1판 1쇄 발행 2021년 12월 14일
1판 3쇄 발행 2023년 11월 15일

지은이 | 전지은
그린이 | 유영근
발행인 | 홍영태
편집인 | 김미란
발행처 | (주)비즈니스북스
등 록 | 제2000-000225호(2000년 2월 28일)
주 소 | 03991 서울시 마포구 월드컵북로6길 3 이노베이스빌딩 7층
전 화 | (02)338-9449
팩 스 | (02)338-6543
대표메일 | bb@businessbooks.co.kr
홈페이지 | http://www.businessbooks.co.kr
블로그 | http://blog.naver.com/biz_books
페이스북 | thebizbooks
ISBN 979-11-6254-254-5 73810

* 잘못된 책은 구입하신 서점에서 바꾸어 드립니다.
* 책값은 뒤표지에 있습니다.
* 비즈니스북스에 대한 더 많은 정보가 필요하신 분은 홈페이지를 방문해 주시기 바랍니다.

비즈니스북스는 독자 여러분의 소중한 아이디어와 원고 투고를 기다리고 있습니다.
원고가 있으신 분은 ms1@businessbooks.co.kr로 간단한 개요와 취지, 연락처 등을 보내 주세요.

감수의 글

열정을 꿈으로 이루는 힘, '몰입'을 경험하라

노규식 · 연세 휴 정신건강의학과의원 · 공부두뇌연구원장

5년여간 방송을 통해 한국의 영재들을 만나면서 발견한 가장 신비로운 점은 그들이 보여준 능력이 아니라 열정과 끈기였습니다. 부모님도, 선생님도 아무도 시키지 않는 일을 또 아무도 알아주지 않는 일을 그렇게 열심히 오랫동안 할 수 있는 그 힘이 어디서 생기는 것인지 무척 신기했습니다.

그 비밀을 찾는 여정 끝에 만난 것은 '그릿'(Grit, 열정적 끈기)의 힘과 가장 닮아 있었습니다. 그래서 많은 어린이가 자신의 그릿을 키우도록 돕기 위해 처음으로 책 《어린이를 위한 그릿》(2017)의 감수를 맡게 되었습니다.

이후 그릇에 대해 소개하고 이 능력을 키우는 방법을 찾다 보니 의식적인 노력과 행동이 매우 중요하다는 사실을 다시금 깨달을 수 있었습니다. 우리가 흔히 행하는 노력일지라도 아무런 자각, 목적, 의미 없이 이뤄진다면 아무리 열심히 하더라도 발전과 성공을 가져오기 어렵습니다. 많은 사람이 노력하는 일을 포기하게 되는 이유이기도 하지요. 그래서 아이들에게 의식적인 노력을 기울이는 방법을 알려주기 위해서 《어린이를 위한 아주 작은 습관의 힘》(2019)이라는 책의 감수에도 참여하게 되었습니다.

이번 책은 '몰입'에 관한 이야기입니다. 몰입은 열정이 만들어 내서 우리에게 주는 '선물'과 같은 것입니다. 우리는 몰입을 경험하며 시간의 흐름을 잊고, 장소의 제약도 잊고, 심지어 육체적 고통도 잊은 채로 어떤 일에 깊이 빠져들어 열중할 수 있습니다. 이 과정은 어떤 일을 이뤄내기 위해 고통을 이겨내는 것이 아닌 끝없는 즐거움을 주는 순간들로 채워집니다. 그래서 우리는 더 많은 시간을 열정이 생긴 일에 쏟을 수 있고 그 시간의 밀도와 효율은 우리의 예상을 훨씬 뛰어넘어서는 수준에 도달할 수 있습니다.

그러나 요즘 우리 주변에, 특히 아이들 곁에는 몰입을 방해하는 요소가 너무나 많습니다. TV 앞에서 리모컨을 켜거나 컴퓨터 모니터 앞에서 키보드나 마우스를 움직이기만 하면 흥미롭고 재미있는 자극들이 끊임없이 흘러나옵니다. 더 중요한 것은 스마트폰을 통해서 이 모든 자극이 언제, 어디서나 우리를 따라다니고 있다는 사실이지요. 잠시라도 몰입 수준이 약해지거나 몰입 상태에서 벗어나는 순간, 어김없이 우리는 이 재미있는 온라인 세상 안에 갇힌 자신을 발견할 수 있습니다.

몰입을 방해하는 또 하나의 이유는 아이들이 재미있게 활동을 지속하는 일이 더욱더 어려워지고 있다는 점입니다. 아이의 재능과 취미는 금세 학원의 레벨 평가로 재단이 되고 경시대회라는 경쟁을 위한 수단으로 바뀌어 버립니다. 이런 일을 통해 쉽게 생기기 어려운 아이들 내면의 열정은 '이제 그만할 때가 되었다'라며 포기를 강요받기 일쑤입니다. 열정과 창의성을 사라지게 만드는 평가와 경쟁이라는 빌런(악당)들에게 아이들의 영웅적 재능의 불씨가 꺼지고 마는 것이지요.

그렇기에 이 시대의 우리 아이들은 더욱더 몰입할 수 있어야 합니다. 이를 위해서는 아이들의 열정을 보호하고 더 커질 수 있는 환경을 만들어줘야 하고 열정이 행동으로 바뀌어 아이들 스스로 움직이게 해야 하며 열정을 꿈으로 이루기까지 의식적인 노력을 이어갈 수 있도록 해야 합니다. 그래서 이번에 또 한 번 《어린이를 위한 몰입의 힘》을 감수하였습니다.

아이들을 위한 자기계발서인 이 책에는 어린이의 눈높이에 맞춘 흥미로운 이야기와 그 속에 숨은 메시지 그리고 구체적이고 실천적으로 연습해볼 수 있는 '몰입의 힘 키우기' 코너까지 갖춰져 있어 아이들에게 좋은 몰입 멘토가 되는 책이 되리라 기대합니다.

처음부터 끝까지 푹 빠져들어 재미있게 읽어나가고, 다시 돌아와 10개의 코너에서 제시하는 과제를 따라 스스로 연습해보며 또 한 번 읽어본다면 이 책을 읽는 어린이들도 분명 자신이 원하는 사람이 될 수 있고 이루고 싶은 꿈을 성취하는 길에 성큼 다가가 있을 것입니다.

열정을 찾고 의식적인 노력에 몰입하는 법을 알려주는 《어린이를 위한 몰입의 힘》의 감수를 맡을 수 있어 큰 기쁨이었습니다. 이제 여러분이 이 책을 통해 꿈을 향한 첫 성취를 경험할 차례입니다.

차례

감수의 글
열정을 꿈으로 이루는 힘, '몰입'을 경험하라   05

새로운 시작, 새로운 도전!   13
몰입의 힘 키우기 1
내 마음을 두근거리게 하는 일은 뭘까?   28

첫 드론 날리기, 내가 잘 해낼 수 있을까?   29
몰입의 힘 키우기 2
나는 어떤 사람일까?   47

물음표는 너무 무서워!   49
몰입의 힘 키우기 3
'나는 할 수 없어'라는 생각은 이제 그만!   65

깜짝 놀란 과외 선생님의 정체! 66
몰입의 힘 키우기 4
내가 정말 하고 싶은 일을 찾자! 82

나는 무엇이든 잘하는 사람이야! 84
몰입의 힘 키우기 5
내가 어른이 되면 어떤 일을 하고 있을까? 106

내가 드론을 좋아하게 된 이유 107
몰입의 힘 키우기 6
꿈을 이루게 하는 마법의 공식 'SMART'! 121

걱정이 너무 많은 채원이 122
몰입의 힘 키우기 7
집중력을 키우는 습관 만들기 142

타고난 천재인 줄 알았던 가윤이의 비밀!　　144
몰입의 힘 키우기 8
그릿(열정적 끈기)이 꼭 필요해!　　165

망설이지 말고 한번 도전해보는 거야!　　167
몰입의 힘 키우기 9
나의 목표를 이루기 위해 스스로 약속하기　　183

결국 내가 해냈어, 해냈다고!　　184
몰입의 힘 키우기 10
최고의 몰입으로 목표를 이루자!　　200

 ## 새로운 시작, 새로운 도전!

"하아, 정말 좋다!"

어수선한 집을 나와 마당에 선 채원이는 주변을 한 바퀴 둘러보았다. 아직은 황량한 논과 밭, 그리고 동네를 둘러싼 높낮이가 서로 다른 산들…. 멋진 풍경 사진 하나가 고스란히 눈앞에 펼쳐져 있었다.

잠시 후 현관문이 열리더니 엄마가 떡과 주스가 담긴 쟁반을 마당 테이블에 내려놓았다.

"이거 먹으면서 조금만 기다려. 얼른 짐 정리 끝내고 부를게. 너무 뛰어다니지 말고, 아직 바람이 차가워."

엄마는 주원이 점퍼의 지퍼를 여며주고는 바삐 집안으로 들어갔다.

채원이에게 오늘은 이곳에서의 첫날이었다. 태어나 지금까지 서울에서만 살다가 서울에서 두어 시간 떨어진 바닷가 마을로 이사를 한 것이다.

　이사 온 이유는 일곱 살짜리 동생 주원이 때문이었다. 주원이는 아기 때부터 아토피 피부염과 기관지 천식을 앓고 있었다. 지금은 아기 때보다 조금 나아졌지만 여전히 자다가도 팔다리를 긁어 상처가 나기도 하고 종종 숨이 넘어갈 것처럼 기침을 했다. 주원이의 이런 증상은 병원 진료를 받거나 약을 먹는다고 해서 쉽사리 낫는 것도 아니었다. 결국 엄마와 아빠는 주원이가 더 좋은 환경에서 지낼 수 있도록 이사를 결심했다.

　여기로 이사를 와서 가장 신이 난 건 채원이었다. 채원이는 일 년 중 가장 기다리는 날이 외할머니 생신과 아빠의 휴가, 그리고 명절이었다. 그 날은 외가에 갈 수 있기 때문이다. 외할머니 댁은 서울에서 5시간이나 떨어져 있는 바닷가 마을이었다. 동네 한 바퀴를 다 돌아봐도 집은 열 한 채뿐이고 들려오는 소리는 새들의 지저귐과 소 울음소리밖에 없는, 정말 한적한 시골 마을이지만 채원이는 그 곳을 정말 좋아했다. 아랫집 걱정 없이 맘껏 뛰어놀 수 있는 널따란 마당도 있고, 차로 조금만 가면 마음이 뻥 뚫릴 정도로 시원한 바다도 있고, 평소에는 좋아하지 않지만 할머니 집에서 먹으면 정말 맛있는 토마토와 상추가 자라는 텃밭도 있기 때문이다. 시골에 있으면 컴퓨터나 핸드폰 없이도 온종일 너무 신나고 재밌었다. 그런데 이사를 하는 곳도 외

할머니 댁처럼 바닷가 마을에 넓은 마당이 있는 집이라니! 채원이는 이사 오기 몇 달 전부터 마음이 두근거리고 설렜다.

채원이는 마음에 쏙 드는 풍경을 바라보며 엄마가 가져다준 간식을 먹고 있었다. 그런데 그때였다. 옆집과 마주 보는 낮은 울타리 너머에서 무언가 후다닥거리더니 곧이어 강아지 소리가 들려왔다.

왈왈, 깽깽, 왈왈왈!

"우와! 강아지다!"

먼저 달려간 것은 주원이었다.

"와, 너무 귀여워!"

주원이는 쪼그리고 앉아 울타리 아래로 손을 밀어 넣었다. 몽실몽실하고 조그만 세 마리의 강아지가 주원이의 손을 핥으며 꼬리를 살랑살랑 흔들었다.

"어? 누나, 저기 엄마 강아지도 있어!"

주원이가 손가락으로 가리킨 마당 한 편에 커다란 개 한 마리가 서서 강아지들과 채원이, 주원이를 바라보고 있었다.

"다 너무 귀엽다."

채원이도 조심스럽게 울타리 사

이로 손을 넣어 강아지를 쓰다듬었다.

그때 문득 아까 차에서 먹다 남긴 초콜릿이 떠올랐다. 아토피 때문에 초콜릿을 먹으면 안 되는 주원이 몰래 주머니에 숨겨 둔 것이었다.

"너희 이거 먹을래?"

채원이가 초콜릿의 껍데기를 벗겨 강아지에게 막 내밀었을 때였다.

"야!"

날카로운 외침과 함께 다급한 발소리가 들려왔다. 깜짝 놀라 고개를 들어 보니 채원이보다 훨씬 키가 큰 언니가 황급히 뛰어오고 있었다.

"아무거나 주면 안 돼!"

너무 놀란 채원이는 온몸이 뻣뻣하게 굳어 버렸다. 언니는 잔뜩 화가 난 얼굴로 강아지들의 입 주변을 살펴보았다.

"갑자기 짖어 대서 나와 봤더니…. 정말 큰일 날 뻔했네!"

강아지들이 아무것도 먹지 않은 것을 확인한 언니는 채원이의 얼굴과 손에 든 초콜릿을 번갈아 쳐다보며 말했다.

"야, 강아지한테 초콜릿을 주면 어떡하

니?"

"나는 그냥 귀여워서…."

채원이가 풀 죽은 목소리로 답하자 언니가 답답하다는 목소리로 말했다.

"초콜릿은 강아지들한테 독약이나 마찬가지야. 어휴, 정말…."

언니는 강아지를 안아 든 채 뒤로 홱 돌더니 엄마 개가 있는 쪽으로 뚜벅뚜벅 걸어갔다. 그런 언니의 뒤를 강아지 두 마리도 따라갔다.

"누나, 저 누나 무서워."

주원이가 쫄랑거리며 가는 강아지들을 쳐다보며 말했다. 채원이도 놀라고 당황했지만 한편으로는 화도 났다.

"강아지를 안 키워 봤으니까 당연히 모를 수 있지! 조용히 말해주면 될 걸 저렇게 화를 내야 해? 안 그래, 오주원?"

채원이가 주원이를 보며 물었다. 그러자 주원이는 채원이의 주머니를 쳐다보며 말했다.

"근데 누나, 왜 초콜릿 숨겨 놨어? 왜 나 안 줬어?"

"그거야, 넌 아토피 때문에…. 어휴, 지금 그게 중요해?"

채원이는 인상을 잔뜩 찌푸리며 집안으로 뛰어 들어갔다.

"엄마!"

"왜? 무슨 일이야?"

두꺼운 장갑을 끼고 짐을 풀던 엄마가 채원이의 큰 외침에 놀라 물었다.

"엄마, 우리도 강아지 키워요!"

"강아지?"

채원이의 목소리에 놀라 방에서 나온 아빠도 고개를 갸웃거렸다.

"조금 전에 옆집 강아지들이…."

채원이는 씩씩거리며 조금 전 마당에서 있었던 일을 엄마와 아빠에게 늘어놓았다.

"아이고, 우리 채원이가 아주 속상했겠네. 일단 짐부터 좀 정리하고 한번 생각해 보자."

아빠가 채원이의 어깨를 다독이며 말했다. 하지만 채원이의 분한 마음은 쉽사리 가라앉지 않았다.

* * *

다음 날 아침, 채원이는 엄마와 주원이랑 분주히 집을 나섰다. 오늘은 6학년이 된 첫날이자 처음으로 새로운 학교에 가는 날이었다.

학교는 집에서 걸어서 15분 정도 걸리는 곳에 있었다. 서울에서 살 때보다 조금 먼 거리였지만 경치를 보며 걷는 길이 그리 지루하지는 않았다.

"우와, 운동장이 엄청 넓다!"

교문으로 들어선 채원이가 운동장을 둘러보며 말했다. 학교 건물은 낮고 아담한데 운동장은 서울에서 다닌 학교보다 두 배는 더 커 보였다. 게다가 학교 주변을 따라 커다란 나무들이 빙 둘러 서 있어서 무언가 웅장하기도 하고 아늑해 보이기도 했다.

교무실에서 전학 절차를 다 마칠 때쯤 젊은 여자 선생님이 다가와 인사를 건넸다.

"반가워, 채원아! 새 학년 첫날인데 새로운 친구도 와서 반 아이들이 정말 좋아하겠는데? 우리, 잘 지내보자."

선생님은 채원이에게 손을 내밀어 악수를 청했다. 채원이도 수줍게 웃으며 선생님의 손을 마주 잡았다.

"자, 그럼 이제 어머니랑 동생한테 인사하고 교실로 가 볼까?"

채원이는 엄마와 주원이를 향해 손을 흔들고 선생님과 함께 교실로 향했다.

"우리 학교는 한 학년에 한 반, 또는 두 개의 반밖에 없단다. 그래서 반 이름을 숫자로 1반, 2반… 이렇게 하지 않고 야생화 이름으로 지었어."

정말 선생님의 말씀처럼 지나가며 보이는 교실 팻말마다 '진달래', '구절초', '별꽃', '방울꽃' 등등 꽃 이름이 적혀 있었다. 그리고 마침내 도착한 채원이네 교실 팻말에는 '나리'라는 이름이 있었다. 이제 채원이는 6학년 나리반이 된 것이었다. 교실 문을 열고 들어서자 아이들이 "와아!" 하고 환호성을 질렀다.

"어? 너희들, 선생님을 보고 좋아하는 거야? 아님 전학생이 와서 좋은 거니?"

"둘 다요!"

아이들은 마치 약속이라도 한 듯 입을 모아 소리쳤다. 선생님은 웃는 얼굴로 교탁 앞에 서서 말했다.

"자, 모두 반가워요. 내가 누군지 소개하면…."

"다 알아요! 최혜림 선생님!"

또 다시 아이들이 한 목소리로 답했다.

"하하하. 너희들 모두 선생님을 잘 알고 있구나! 자, 그럼 이제 새로 온 친구를 소개할게요. 오늘부터 우리 반에서 함께 공부하고 지내게 될 친구예요."

선생님이 고개를 돌려 채원이를 쳐다보았다. 채원이는 우물쭈물하며 신발주머니의 손잡이만 배배 꼬았다.

"채원아, 여기 서서 반 친구들한테 자기소개랑 함께 인사를 한번 해 볼까?"

교탁 앞에 선 채원이는 자신만 바라보는 열세 명의 시선을 느끼며

숨을 크게 한 번 들이쉬었다. 그리고 천천히 말했다.

"안녕하세요? 저는 오채원입니다."

"어디에서 전학 왔어?"

맨 앞에 앉은 여자아이가 물었다.

"난 서울에서 왔어."

채원이의 대답에 아이들은 "서울이래.", "이야, 서울에서 왔다고?" 하며 웅성거렸다. 그러더니 곧이어 '놀이동산에 많이 가 봤느냐?', '연예인을 본 적이 있느냐?', '텔레비전에 나오는 동네에 살았느냐?'라는 질문들이 여기저기서 폭포수처럼 쏟아졌다.

"자, 여러분. 조용, 조용."

선생님이 손뼉을 치며 소란스러운 분위기를 잠재우자 아이들은 일순간에 조용해졌다.

"앞으로 매일 얼굴 볼 텐데 서로 친해지면서 질문은 천천히 하도록 해요."

그리고 빈자리 하나를 가리키며 채원이에게 말했다.

"채원아, 저기 저 자리에 앉으면 되겠다."

채원이는 자리에 앉아 가방을 내려놓았다. 그리고 천천히 교실을 둘러보았다. 반 친구들이 많지 않아서 그런지 교실이 유난히 넓어 보였다.

"채원이가 와서 열네 명이 되니까 이제 짝이 딱 맞네. 한 사람은 혼자 앉을 뻔했는데 말이지. 자, 그럼 오늘은 새 학기 첫날이니까 자기소개 먼저…."

선생님의 말이 끝나기도 전에 갑자기 아이들이 웃음을 크게 터뜨렸다. 영문을 모르는 채원이는 고개를 갸웃거렸다.

"선생님! 1학년부터 같이 다녔는데 서로 모르는 사람이 누가 있어요?"

"맞아요. 저는 여기 애들 집에서 기르는 고양이, 병아리 이름도 다 알아요!"

아이들이 여기저기서 웅성댔다. 그제야 채원이는 '아, 그렇구나.' 하고 고개를 끄덕였다.

"그래요. 그러면 우리 앞으로 일 년 동안 한 반에서 어떻게 지낼지 이야기해 볼까요? 우선 자리나 짝꿍은 따로 정하지 않을 거예요. 그날그날 자기가 앉고 싶은 자리에 앉으면 돼요. 그리고 반장도 뽑지 않을게요. 반장이 필요한 경우가 생기면 그때마다 리더를 정하도록 해요. 자, 그럼 궁금한 점이나 다른 의견이 있는 친구가 있다면 얘기해 볼까요?"

서울에서 다닌 학교와는 다른 분위기에 채원이가 놀란 사이, 반 친구들이 손을 번쩍번쩍 들었다.

"청소할 때 노래를 들을 수 있게 블루투스 스피커가 있으면 좋겠어요."

"다른 반이랑 축구 시합할 때 점수를 기록해주는 사람이 한 명 있으면 좋겠어요!"

"응원 단장도 필요해요."

"도서관에 책은 언제부터 신청할 수 있어요?"

"비 오는 날은 체육관에서 피구를 하게 해주세요!"

나리반 친구들은 쉴 새 없이 손을 들고 각자 하고 싶은 말을 와르르 쏟아냈다. 낯선 친구들, 낯선 선생님과의 첫 만남으로 늘 조금은 어색하고 조용하게 새 학년, 새 학기를 시작했던 채원이에게 오늘 같은 교실의 풍경은 놀랍고 또 흥미로웠다.

그렇게 시끌벅적한 하루가 금세 지나고 집으로 갈 시간이 되었다. 종례 시간에 선생님이 두 장의 가정통신문을 나눠 주었다. 한 장에는 선생님의 인사말과 연락처가 담겨 있었고, 다른 한 장에는 여러 개의 동아리 활동이 쓰여 있었다.

"집에 가서 잘 읽어 보고 내일까지 어떤 동아리 활동을 하고 싶은지 정해 오도록 합시다."

"네!"

* * *

"다녀왔습니다!"

집에 도착한 채원이가 활기찬 목소리로 현관문을 열고 들어갔다.

"채원이, 오늘 기분 좋은가 보다."

거실 소파에 앉아 있던 엄마가 웃으며 말했다.

"엄마, 여기 진짜 신기해요! 첫날인데도 선생님이랑 애들이 서로 다 알고 친해요. 새 학기가 시작하는 날이 아닌 것 같다니까요! 게다가 엄청 시끄러워요."

"시끄럽다고?"

"네. 그리고 선생님이 궁금한 건 질문하라고 했거든요? 반에 애들이 열네 명인데 질문은 삼십 개도 넘어요. 진짜 정신이 하나도 없었어요."

채원이는 가방을 멘 채로 소파에 앉아 재잘재잘 떠들었다. 그리고 문득 생각이 떠올라 가방에서 가정통신문을 꺼내 엄마에게 건넸다.

"이거, 선생님이 오늘 주셨어요."

가정통신문을 한 장 한 장 천천히 읽고 난 후 엄마가 채원이에게 동아리 신청서를 내밀었다.

"이거 한 번 잘 읽어 봐. 넌 어떤 동아리 활동을 하고 싶어?"

채원이는 동아리 신청서에 적힌 목록을 차근차근 읽어 보았다. 제과제빵 동아리, 학교 텃밭 관리 동아리, 바다 생태 연구 동아리 등등 여러 가지 동아리 활동이 있었다. 그중에서 채원이의 마음을 확 끌어당기는 동아리 활동이 있었다. 바로 드론 동아리였다.

사실 채원이는 예전부터 드론에 관심이 많았다. 드론 조종하는 법을 배워서 직접 꼭 해보고 싶었는데 그동안 배울 시간도 없고 마땅한 기회가 없어서 아쉬워하던 참이었다.

"엄마, 저 드론 동아리요!"

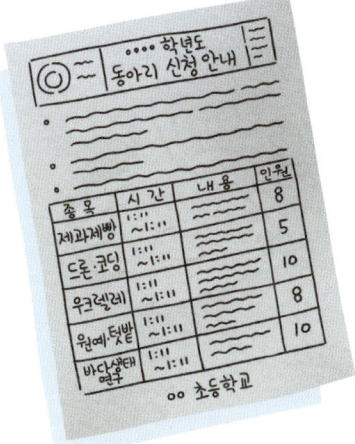

"그래? 그러고 보니 예전부터 드론 날리기를 해보고 싶다고 그랬었지?"

엄마는 채원이가 읽던 동아리 신청서를 다시 건네받고 주의 깊게 읽기 시작했다.

"이건 고민할 필요도 없어요. 저는 무조건 드론 동아리를 할 거예요!"

"채원이가 그렇게 바라던 일을 여기서 하게 되네. 끝까지 잘 할 수 있을 거야, 그렇지?"

잔뜩 들뜬 채원이와는 달리 엄마는 진지한 눈빛과 차분한 목소리로 물었다.

"그럼요! 엄청 많이 기대되고 신이 나요. 여기로 이사 와서 정말 좋아요!"

가방에서 필통을 꺼내 연필을 들고 신청서를 채운 후 채원이는 몇 번이고 직접 쓴 내용을 다시 읽어 보았다.

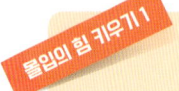

내 마음을 두근거리게 하는 일은 뭘까?

- 여러분은 무엇을 할 때 가장 즐겁고 행복한가요? 친구와 놀기, 게임하기, 책 읽기, 주말 가족여행 가기 등등 시간이 가는지도 모를 정도로 '내가 좋아하는 일'이 무엇인지 모두 적어봅시다.

....

....

- 위에서 적은 '내가 좋아하는 일'을 할 때 나는 왜 마음이 두근거리고 기분이 좋아질까요? 그 이유를 적어봅시다.

내가 좋아하는 일	이유

오늘의 몰입 한 줄 ★★★

내가 좋아하는 일을 할 때 느끼는 기분과 감정을 자꾸 떠올려보세요. 좋아하는 일에 깊이 빠져들수록 어느샌가 초능력처럼 나만의 멋진 능력이 될 거예요!

첫 드론 날리기,
내가 잘 해낼 수 있을까?

새 학교에 다닌 지도 벌써 일주일이 훌쩍 지났다. 반 분위기는 언제나 시끌벅적하고 활기가 넘쳤다. 채원이는 처음엔 그런 분위기가 낯설고, 또 어떻게 어울려야 할지 몰라 걱정이 되기도 했지만 담임 선생님과 친구들의 도움으로 차근차근 적응해나가고 있었다.

"채원아, 이따가 민들레반이랑 축구 시합한대. 같이 보러 가자."

수업이 끝날 무렵 오늘의 짝꿍이었던 시은이가 말했다. 반 친구들은 축구를 엄청 좋아하는 것 같았다. 거의 이틀에 한 번씩 옆 반인 민들레반이나 다른 학년 아이들과 모여서 시합을 했다. 시은이는 시합이 있을 때마다 점수를 기록하는 임무를 맡고 있었다.

"미안. 오늘은 집에 일찍 가야 해. 아빠가 어디 가자고 해서…."

"그럼 어쩔 수 없지. 다음 시합 때는 꼭 같이 보자!"

시은이는 한쪽 눈을 찡긋하고는 가방을 메고 먼저 일어났다.

운동장에서 스트레칭을 하며 몸을 푸는 친구들을 보며 채원이는 교문을 나섰다. 집에 도착해 마당에 들어서니 아빠가 차의 먼지를 털고 있었다.

"채원이 왔구나! 얼른 가서 가방 내려놓고 와. 이제 출발하자."

"아빠, 우리 어디 가요?"

"가 보면 알게 될 거야. 그때까지는 비밀!"

아빠는 비밀이라고 했지만 싱글벙글 웃는 얼굴을 보니 왠지 좋은 일인 것 같았다. 그리고 채원이의 예상은 딱 맞아 떨어졌다. 아빠, 주원이와 함께 한 시간 정도 차를 타고 가서 도착한 곳은 바로 가족을 기다리는 강아지들이 모여 있는 한 동물보호센터였다.

"아빠가 얼마 전부터 강아지를 데려오려고 알아봤거든. 그런데 이곳에 채원이와 주원이를 기다리는 강아지가 있더라고. 오늘 그 강아지를 데리러 온 거란다."

"정말요?"

채원이와 주원이는 두 손을 번쩍 들어 올리며 놀라서 소리쳤다. '드디어 우리 집 식구가 될 강아지를 만난다니!' 채원이의 마음은 물풍선처럼 몽글몽글 기쁨에 부풀어 올랐다.

사무실로 들어가 상담사 선생님과 인사를 나눴다. 아빠와 한참 이야기를 나눈 상담사 선생님이 자리에서 일어나 밖으로 나갔다. 잠시 후 사무실 문이 열리고 강아지를 안은 선생님의 모습이 보였다.

"와, 정말 귀여워!"

선생님의 품에는 하얗고 보송한 털에 덩치가 작은 강아지가 안겨 있었다. 선생님이 책상에 있는 푹신한 방석 위에 강아지를 살포시 내려놓자 강아지는 겁이 났는지 잔뜩 웅크리고 앉아만 있었다.

"나 강아지 만져볼래."

주원이가 까치발로 종종거리며 강아지를 향해 손을 뻗었다.

"안 돼. 강아지가 놀란단 말이야. 지금은 그냥 눈으로 보기만 해!"

채원이가 주원이의 팔을 잡았다.

"누나가 강아지 마음을 잘 아는구나. 아주 좋은 가족이 되겠는걸?"

상담사 선생님이 채원이를 보며 웃었다.

"아, 사실 강아지를 키워본 적이 없어서 잘 모르지만 왠지 그러면 안 될 것 같아서요."

채원이는 수줍게 대답한 후, 푹 웅크린 강아지와 눈높이를 맞춘 채 가만히 바라보았다. 잠시 후 강아지가 천천히 몸을 일으켜 움직이려고 하자 선생님이 마음껏 움직이라며 강아지를 바닥으로 내려주었다.

"강아지야, 이리 와."

채원이가 속삭이듯 작은 목소리로 말하며 손짓하자 강아지는 꼬리를 살랑살랑 흔들며 다가와 안겼다. 그 순간, 채원이의 마음속에서 몽글몽글 부풀어 오르던 기쁨의 물풍선이 펑 터질 것 같은 기분이었다.

* * *

"자, 이제 우리 자그마한 새 가족의 이름을 뭐라고 지을까?"

집으로 오는 차 안, 아빠가 신이 난 채원이와 주원이에게 물었다. 주원이는 '흰둥이', '토토', '바둑이' 등 만화나 동화책에서 봤던 강아지 이름들을 줄줄이 늘어놓았다. 하지만 채원이는 다른 강아지의 이름이 아닌 정말 특별한 이름을 새로 지어주고 싶었다.

"아빠, 저는 우리 가족이니까 오 씨에 잘 어울리는 이름을 지어주고 싶어요."

채원이의 말에 아빠가 뭔가 떠올랐다는 듯 말했다.

"'징어' 어때? '오징어'. 넓은 바다를 힘차게 헤엄치는 오징어처럼 씩씩하고 활기차게 잘 크라고!"

"오징어요?"

"뭐, 오징어가 싫으면 오락실도 있고. 아니면 오소리? 다른 동물 이름이라 좀 그런가? 음식 이름을 따서 지으면 건강히 오래 산다는 말도 있으니까 이건 어때? 오곡밥, 오렌지….'

"아빠, 아빠. 그만요! 저 생각났어요."

"그래? 어떤 이름인데?"

"'리온'이요, '오리온'."

"오리온! 리온이, 좋은데? 오리온은 별자리 이름이니까 의미도 있고 리온이라고 부를 때에도 예쁘고. 아빠는 찬성!"

"나도 좋아. 리온아, 네 이름은 이제 리온이래."

주원이가 채원이 품에 안겨 있는 리온이를 쓰다듬으며 말했다. 리온이는 자기 이름이 생긴 것도 모르고 입을 크게 벌리더니 하품을 했다.

그 날 이후 채원이와 주원이는 학교와 유치원에서 돌아오자마자 거실 소파에 가방을 내던지고 바로 마당으로 나가 리온이와 뛰어놀았다. 리온이는 건강하고, 씩씩하고, 해맑은 강아지였다. 채원이는 그런 리온이와 함께 보내는 하루하루가 정말 행복하고 즐거웠다.

* * *

며칠이 지났다. 오늘은 동아리 첫 수업이 시작되는 날이었다.

"정말 많이 기대돼요. 엄청 재미있을 것 같아요!"

드론을 보게 될 생각에 잔뜩 들뜬 채원이는 아침부터 엄마, 아빠에게 똑같은 말을 계속하며 싱글벙글 웃었다.

"아이고, 너무 들썩대지 말고. 선생님 말씀 잘 들으면서 해야 해?"

대문 앞까지 마중 나온 엄마는 조금은 걱정스러운 표정으로 말했다.

"걱정 마세요. 진짜 진짜 무척 하고 싶었단 말이에요!"

"그래. 분명 잘 할 수 있을 거야. 열심히 배워서 나중에 아빠도 가르쳐 줄래? 아빠도 한번 해 보고 싶었거든."

뒤따라 나온 아빠가 채원이의 어깨를 두드리며 격려를 해 주었다.

드디어 동아리 시간이 되어 채원이는 두근거리는 마음으로 체육관에 갔다. 그곳에는 학생들 수에 맞게 다섯 개의 작은 드론이 놓여 있었다.

"여러분, 반가워요. 드론 동아리를 맡은 이지민 선생님입니다."

선생님이 인사를 하자 아이들이 까르륵거리며 웃었다.

"작년에 5학년 담임 선생님을 맡으셔서 여기 애들은 거의 저 선생님 반이었어."

친구들의 웃는 모습을 바라보는 채원이에게 같은 반 친구인 민아가 귓속말을 했다. 그때였다.

"자, 드론이라는 말이 무슨 뜻인지 아는 친구 있어요?"

선생님의 질문에 아이들 모두 꿀 먹은 벙어리가 되었다.

"음, 너희들 꿀벌 알지?"

"네!"

"벌들이 날아다닐 때 어떤 소리가 나지?"

그러자 아이들은 '웅웅~', '윙윙~' 하는 소리를 냈다.

"그래, 바로 그 소리를 드론이라고 해요. 웅웅 거리는 소리를 내며 날아다니는 무인비행기에 드론이라는 이름이 붙은 거죠."

선생님의 설명을 들으니 채원이는 정말 드론이라는 말이 마치 날아다니는 벌에서 나는 소리와 비슷하다는 생각이 들었다.

이어서 선생님은 체육관 무대 뒤 스크린에 여러 가지 드론의 종류와 원리가 적힌 자료 화면을 보여주며 수업을 시작했다. 금세 아이들이 하나둘씩 하품을 하기 시작했다.

"아이고, 너희들 지금 제일 하고 싶은 게 직접 드론을 조종해보는 거지?"

선생님이 장난스럽게 살짝 째려보며 웃는 얼굴로 물었다.

"네에~!"

아이들은 기다렸다는 듯이 한목소리로 대답했다.

"하지만 드론을 무작정 조종해볼 수는 없어. 먼저 드론 조종기에 어떤 기능이 있고, 어떻게 써야 하는지부터 알아야 해."

선생님이 모두에게 조종기 하나씩을 나누어 주었다. 그리 크지는 않지만 제법 묵직했다. 조종기를 받아든 아이들의 눈빛이 그제야 초롱초롱해졌다.

"자, 여기를 보세요."

선생님은 이번엔 화면에 조종기 사진을 띄우고 레이저 포인터로 각 부분을 가리키며 설명을 해 주었다.

"이 버튼은 조종기를 켜고 끄는 전원 버튼이야. 그리고 뾰족하게 튀어나온 이 부분은 드론과 조종기가 신호를 주고받는 안테나지. 여기 아래쪽에 LCD 화면, 보이니? 이 화면을 보면서 드론의 상태를 확인하거나 여러 기능을 설정하는 거야. 지금 너희가 들고 있는 조종기는 기본 설정이 잘 되어 있는 상태야. 선생님이 미리 다 해 놨거든."

"아하!"

직접 만져보기 시작한 아이들의 반응이 시끌시끌해졌다.

"그리고 여기 도르륵 도르륵 움직이는 부분은 트림이라고 해. 트림은 드론이 한쪽으로 기울지 않도록 중심을 맞춰주는 기능이야. 그러니까 드론이 움직이는 기준값을 설정할 때 쓰면 돼. 자, 그다음 여기 이 부분이 바로 조종 스틱이란다. 이 스틱을 움직여서 드론을 위아래, 왼쪽, 오른쪽 그리고 앞뒤 방향으로 조종하는 거지."

기억해야 할 게 많아지자 아이들은 진지한 표정으로 조종기와 자료 화면을 번갈아 주의 깊게 살펴봤다.

'아, 생각보다 너무 복잡하네.'

채원이도 다른 아이들처럼 조종기와 화면 그리고 선생님의 설명을 동시에 보고 듣고 따라하느라 눈과 귀, 머리가 몹시 분주했다.

조종기를 다 살펴본 후 선생님은 드론에 대해 설명하기 시작했다. 채원이와 아이들도 귀를 쫑긋 세우고 경청하면서 드론을 여기저기 들여다 봤다. 아이들이 조종할 드론은 네 개의 프로펠러가 달린 쿼드콥터였다. 설명을 모두 마친 후 선생님은 조종기를 들어 보이며 말했다.

"그럼 이제부터 너희들이 하고 싶은 드론 비행을 한번 해볼 거야. 오늘은 첫날이니까 가장 쉬운 것부터 배워봐야겠지? 드론을 띄우고 제자리에 착륙시키는 걸 해볼 텐데 이것만 잘해도 성공이야."

"에이…."

"시시해요, 선생님."

아이들은 잔뜩 실망한 표정이었다.

"오, 다들 자신 있나 본데? 그럼 시작해 볼까?"

아이들은 하나둘씩 선생님의 설명을 따라 조종기의 전원 버튼을 작동시켰다. 잠시 후 '위잉' 소리와 함께 다섯 개 드론의 프로펠러가 돌아가기 시작했다.

"우와!"

아이들의 입에서 탄성이 터져 나왔다.

'아, 이제 시작이야.'

채원이의 마음도 본격적으로 두근거렸다.

이제 드론을 땅에서 위로 띄울 차례였다. 채원이는 눈을 조종기와 드론에서 떼지 않은 채 귀로 선생님의 말씀을 들으며 조종 스틱을 조심스럽게 움직였다. 드론은 채원이가 생각한 대로 곧장 위로 두둥실 떠올랐다. 그런데 그때였다.

위잉. 탁, 타닥!

갑자기 맞은편에서 드론 하나가 휙 날아가더니 체육관 벽에 부딪치고 떨어졌다. 옆 반 준성이가 화들짝 놀라 떨어진 드론을 향해 달려갔다. 그 순간 옆에 있던 민아의 드론도 공중에서 힘을 잃고 땅으로 곤두박질치더니 여기저기서 '타닥', '탁' 하는 소리가 들려 왔다. 준성이

의 드론이 순식간에 떨어지자 다른 아이들도 놀라고 당황해 조종기를 제대로 다루지 못한 것 같았다. 조종기를 그대로 쥔 채 무슨 일이 일어난 건지 살피던 채원이는 조심스럽게 드론을 착륙시켰다.

"아, 어떡해! 날개가 떨어졌어."

"선생님, 이거 고장 난 거예요?"

여기저기서 선생님을 부르며 아이들은 울상을 짓고 있었다.

"에고. 시작부터 마치 전쟁이구나."

선생님은 손으로 이마를 '탁' 치고는 웃으며 아이들에게 다가갔다. 그리고 떨어진 민아의 드론 날개를 고쳐주며 말했다.

"날개는 너무 신경 쓰지 않아도 돼. 아마 앞으로 수십 번은 더 부러질 테니까…. 그냥 소모품이라고 생각하면 돼."

그제야 민아는 안도의 한숨을 내쉬었다.

"얘들아, 드론을 조종하는 게 쉽지 않지?"

"네…."

한층 풀이 죽은 목소리로 아이들이 대답했다.

"아직 조종기를 다루는 게 익숙하지 않아서 그래. 좀 더 연습하고 익숙해지면 충분히 잘 할 수 있을 거야. 희망을 잃지 마!"

선생님이 두 주먹을 불끈 쥐고 '힘내!' 하는 자세를 취하자 아이들은 마음이 놓인 듯 웃음을 터뜨렸다.

"그런데 우리가 여기서 알아야 할 게 있어."

"그게 뭔데요?"

"다들 놀라서 정신없는 와중에 혼자 드론을 무사히 착륙시킨 친구가 있다는 사실이지. 그치, 채원아?"

채원이가 눈을 동그랗게 뜨고 선생님을 바라보았다.

"첫 비행이었는데도 아주 침착하게 잘했어. 우리 모두 채원이에게 박수를 보내줄까?"

선생님과 아이들이 손뼉을 쳤다. 채원이는 별일 아닌 일로 칭찬을 받는 것 같아 괜히 쑥스러웠다.

"자, 그럼 오늘은 여기까지!"

"선생님, 더 연습하면 안 돼요?"

같은 반인 우진이가 아쉬운 목소리로 물었다.

"오늘은 시간이 늦어서 안 되고. 다음 동아리 수업 전에 혹시 체육관을 빌릴 수 있으면 그때 연습해 보도록 하자."

"네!"

그렇게 첫 번째 동아리 수업이 끝났다. 집으로 가는 내내 채원이의 얼굴에서는 미소가 떠나지 않았다. 정말 해 보고 싶었던 드론 비행이었는데 첫 시도에 칭찬까지 듣다니! 오늘은 기분이 정말 좋아서 자면서도 웃을 것 같았다.

그런데 채원이의 기분 좋은 행복은 그리 오래 가지 못했다. 집에 도착해 대문을 열고 들어가는 순간 전혀 예상하지 못한 일이 벌어졌기 때문이다.

"리온아~!"

언제나 그랬듯 채원이는 집에 오자마자 리온이를 부르며 마당에 들어섰다. 그런데 이상했다. 평소 같으면 채원이의 발소리만 듣고도 득달같이 달려오던 리온이가 보이지 않았다.

"엄마, 다녀왔습니다! 혹시 리온이 집 안에서 놀고 있어요?"

채원이는 현관문을 열며 큰소리로 엄마에게 물었다. 소리를 듣고 방에서 나온 엄마는 고개를 갸웃거리며 말했다.

"마당에 없니? 오늘은 집에 들어온 적 없는데?"

"네?"

채원이는 벗으려던 신발을 다시 꿰어 신고 마당으로 나갔다. 대문이 열려 있지도 않았고 울타리도 튼튼해서 밖으로 나갔을 것 같지는 않은데…. 그럼 대체 리온이는 어디에 있는 걸까?

"리온아, 리온아!"

채원이가 집 뒤편에 창고와 텃밭, 마당에 놓인 테이블 밑까지 샅샅이 뒤지는 사이, 주원이네 유치원 버스가 집 앞에 섰다. 이내 곧 주원이가 대문을 열고 들어오며 채원이에게 물었다.

"어? 누나, 리온이는?"

"몰라. 안 보여. 리온이가 안 보여."

채원이가 울먹이며 답했다. 그 모습에 주원이는 가방을 멘 채 다급하게 뛰어다니며 큰소리로 리온이를 불렀다. 그때였다.

왈, 왈왈, 왈! 왈왈!

채원이네와 옆집 사이에 놓인 울타리 너머로 리온이의 짖는 소리가 들렸다. 채원이와 주원이는 얼른 소리가 들리는 쪽으로 달려갔다.

그러자 리온이가 옆집 강아지들과 함께 채원이와 주원이를 향해 힘차게 달려오고 있었다. 그리고 그 뒤로 채원이가 이사 온 날에 온갖 신경질을 부려대던 옆집 언니가 뛰어오고 있었다.

채원이는 울타리 안으로 팔을 넣어 리온이를 안아 올렸다.

"리온아, 너 없어진 줄 알고…."

너무 놀란 채원이는 눈물을 펑펑 쏟아냈고 목이 메어서 말도 제대로 할 수 없었다.

"아니, 아까부터 우리 강아지들 보면서 계속 낑낑거려서 잠깐만 같이 놀게 해 주려고…."

옆집 언니는 지난번 모습과는 달리 어쩔 줄 모르면서도 별일 아니라는 듯이 말했다. 좀처럼 눈물이 그치지 않은 채원이는 그런 옆집 언니가 괜히 더 미워져서 아무 말도 하지 않고 몸을 홱 돌렸다. 그리고

는 마당 한가운데로 와 다리에 힘이 빠진 듯 털썩 주저앉았다. 얼마나 걱정하며 리온이를 찾았는지 온몸에 기운이 쭉 빠지는 것 같았다.

* * *

다음 날, 수업을 마치고 집으로 오던 채원이는 멀찍이 보이는 누군가의 모습에 잠시 걸음을 멈췄다. 채원이네 집 대문 앞에서 어떤 사람이 똥 마려운 강아지처럼 안절부절못하고 있었는데 자세히 뜯어보니 옆집에 사는 언니 같았다.

'왜 저러고 있지?'

채원이는 영문도 모른 채 천천히 대문을 향해 걸어갔다. 대문 앞에 서 있던 옆집 언니가 채원이를 보고 어색하게 손을 흔들었다.

"안녕?"

채원이는 의아한 표정으로 언니를 바라보았다.

"이거…."

언니는 종이봉투 하나를 채원이에게 건넸다.

"이게 뭐야?"

"강아지 간식인데 어제 보니까 리온이가 이걸 좋아하더라고."

채원이는 말없이 언니가 건네준 종이봉투 안을 들여다보았다.

"어제는 미안했어. 내가 제대로 사과를 못 했지? 근데 그게 사실은…."

언니는 빨개진 얼굴로 숨을 한 번 크게 삼킨 뒤 말을 이었다.

"어제 잠도 잘 못 자고 설쳤어. 계속 우는 네 모습이 자꾸만 떠올라서…. 강아지를 잃어버리면 어떤 마음인지 나도 너무 잘 아는데. 어제는 내가 잘못했어. 정말 미안해."

채원이는 언니의 진심 어린 사과에 어떻게 말해야 할지 몰라 머뭇거리다가 조그마한 목소리로 말했다.

"괜찮아….."

"저기, 혹시 오늘 별일 없으면 리온이 데리고 우리 집에 놀러 올래?"

채원이가 깜짝 놀라 언니의 얼굴을 바라보았다.

"아니, 어제 보니까 리온이가 우리 강아지들이랑 정말 잘 놀더라고. 오늘도 같이 놀면 좋아할 것 같아서."

채원이는 슬며시 웃으며 고개를 끄덕였다. 옆집 언니와 헤어지고 현관문을 열고 들어오면서 채원이가 엄마에게 소리쳤다.

"엄마, 저 옆집에 가서 놀다가 와도 돼요?"

"옆집?"

엄마가 의아한 듯 되물었다. 채원이는 방금 전 대문 앞에서 있었던 일을 엄마에게 이야기했다.

"그 언니, 첫인상은 벌컥 화를 내서 무서웠는데 오늘 보니까 착한 것 같아요."

"그렇네. 리온이 간식도 이렇게 챙겨 주고."

잠시 후 옆집에 가려고 신발을 신고 있는 채원이에게 엄마가 갓 구운 빵이 든 봉투를 챙겨 주었다.

"잘 갖다 줄게요. 다녀오겠습니다!"

 몰입의 힘 키우기 2

나는 어떤 사람일까?

- 내가 생각하는 '나'는 어떤 사람인가요? 새학년, 새학기가 시작되는 날, 반에서 처음 만난 선생님과 친구들에게 자기 소개를 하는 모습을 상상해보세요. 이때 나를 소개하는 말을 딱 한 문장으로 써봅시다.

  ....

  ....

  예 나는 '스파이더맨'처럼 누군가 내 도움이 필요할 때 슈퍼 히어로 같은 힘을 써서 다른 사람을 돕는 걸 무척 좋아해!

- 학교나 집에서 내가 가장 잘하는 일을 떠올려 보세요. 사람들은 누구나 '천재' 가 될 수 있는 뛰어난 능력을 한 가지씩 꼭 가지고 있습니다. 만약 자기 소개를 할 때 "나는 ○○ 천재야!" 라고 한다면 어떻게 소개하고 싶은지 한 번 써봅시다.

  "나는 .... 천재야!

  왜냐하면 ....(하)기 때문이야."

  예 "나는 '드론' 천재야! 왜냐하면 드론을 조종해서 멋진 사진을 찍을 수 있기 때문이야."

- 내 머릿속 생각들을 한 번 꺼내어 살펴볼까요? 아래 그림의 머릿속 빈 공간에 내가 자주 하는 행동이나 생각, 좋아하거나 싫어하는 물건, 과목, 음식 등등 '나'에 대해 재밌게 써봅시다.

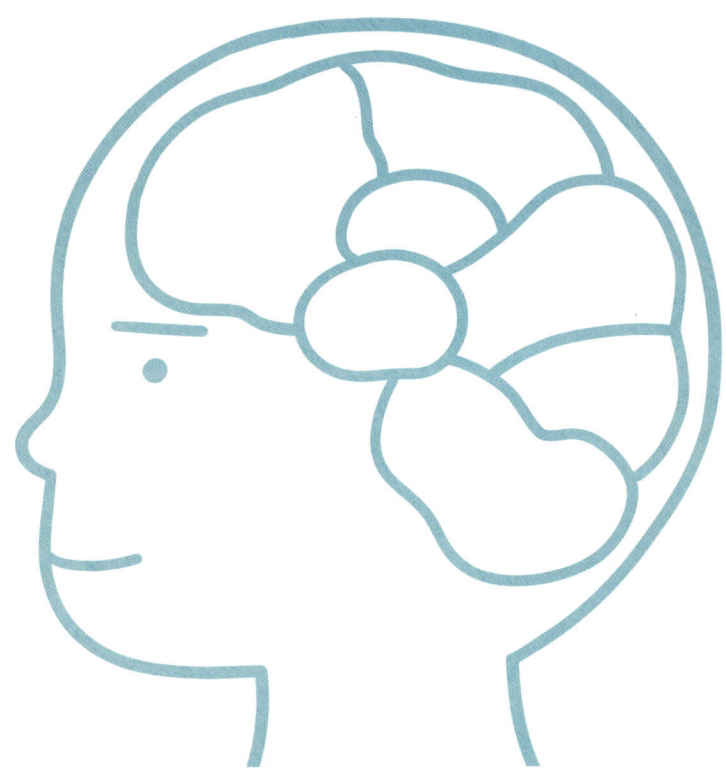

오늘의 몰입 한 줄 ★★★

내가 어떤 사람인지 조금 더 잘 알게 되었나요? **'나'에 대해 더 많이 탐험하고 또 발견해보세요.** 그러면 하고 싶은 일도, 좋아하는 일도 더욱더 많아집니다.

 ## 물음표는 너무 무서워!

리온이를 안고 집을 나선 채원이는 훤히 열려 있는 옆집 대문 안쪽을 조심스럽게 들여다보았다.

"들어 와."

옆집 마당에서 언니가 손짓을 했다. 채원이는 들어선 마당에 리온이를 내려주고 엄마가 준 봉투를 언니에게 건넸다.

"와! 따끈따끈해. 빵 냄새, 정말 좋다."

언니는 빵이 든 봉투에 얼굴을 묻고 잠시만 기다리라고 하더니 집 안으로 들어갔다. 얼마 지나지 않아 언니네 엄마가 언니와 함께 빵과 과일, 음료수가 담긴 쟁반을 들고 나왔다. 채원이는 얼른 꾸벅 인사를 했다.

"오, 네가 채원이구나? 너희 엄마한테 들어서 알고 있었지. 반가워!"

언니네 엄마가 채원이의 머리를 쓰다듬으며 웃었다.

"맛있게 먹고 강아지들이랑 실컷 놀다 가렴. 우리 소민이랑 얘기도 많이 하고…."

인사를 마치고 언니네 엄마가 집으로 들어가자 언니가 먼저 대청마루에 앉았다. 리온이는 세상에서 제일 신이 난 듯 옆집 강아지들이랑 한데 섞여 뛰어다니고 있었다.

"방금 엄마한테 들었지? 나는 소민이라고 해. 한소민."

언니가 강아지들을 바라보며 말했다.

"난 오채원이야."

"6학년이라고, 엄마가 그러던데…."

"응, 맞아. 6학년. 언니는 몇 학년이야?"

"아, 난 열여섯 살이고, 학년은…. 지금은 없어. 학교에 안 다니거든."

소민 언니의 말에 채원이의 눈이 동그래졌다.

"왜 학교를 안 다녀?"

"초등학교를 졸업한 이후로 홈스쿨링 중이야. 뭐, 무조건 학교를 다녀야 하는 건 아니잖아?"

언니의 대답이 쉽게 이해되지는 않았지만 채원이는 일단 고개를 끄덕였다.

"좋겠다. 공부도 안 해도 되고…."

"뭐? 하하하! 아니야. 학교를 안 간다고 공부도 안 하는 건 아니야. 홈스쿨링은 집에서 공부를 한다는 의미야."

"어쨌든 시험은 없잖아?"

"시험도 없는 건 아닌데…. 그래, 뭐 학교 다니는 것보다는 좀 자유롭긴 하지."

"와, 부럽다."

맞은 편에서 정신없이 놀고 있는 강아지들을 바라보며 채원이가 말했다.

"지금 그 말, 완전 진심 같은데? 학교 가기 싫으니?"

"아, 그건 아니야. 요즘에는 학교에서 드론 동아리도 하고 재미있어."

"우와. 드론? 멋지다!"

채원이는 고개를 절레절레 저었다.

"이제 겨우 딱 한 번 해 봤어. 그냥 위로 붕 띄웠다가 다시 제자리로 내려오게 하는 거."

"어쨌든 멋진데? 앞으로 더 배우면 잘 하게 될 거잖아!"

대단하다는 듯 말하는 언니의 목소리에 채원이는 아무런 말 없이 웃었다.

"우리 집 강아지들 이름, 가르쳐 줄까?"

"응."

"저기 있는 엄마 개는 열무야. 덩치가 제일 큰 강아지는 냉이, 털이 약간 누런 강아지는 무지, 그리고 나머지 한 마리는 만두."

"이름, 좀 재밌다. 무지는 왜 무지라고 해?"

"강아지 이름은 다 오빠가 지었는데, 그냥 단순해! 엄마 개는 열무김치 담그는 날에 우리 집에 오게 돼서 열무. 냉이는 열무랑 냉이가 왠지 잘 어울린다나 뭐라나. 그리고 무지는 노란 털이 단무지 같다고 줄여서 무지라고 불러. 만두는 단무지랑 짝꿍 같아서 붙인 이름이고."

소민언니는 말하면서 고개를 절레절레 저었다.

"그럼 언니네 강아지는 오빠가 돌보는 강아지야?"

"음, 원래는 그랬지. 열무는 오빠가 길에서 데려온 아이거든. 근데 얼마 전에 오빠가 교환학생으로 독일에 공부하러 갔어. 그래서 이제는 내가 챙기고 있지."

열무, 냉이, 무지, 만두…. 채원이는 강아지들을 유심히 살펴보며 이름을 외우다 문득 언니를 쳐다보며 물었다.

"그럼 언니는 오빠랑 둘이 남매야?"

"아, 아니. 언니도 한 명 있어."

"진짜? 언니도 있고 오빠도 있고. 좋겠다."

"글쎄. 좋은 점도 있고 안 좋은 점도 있고 그래."

"그럼 언니네 언니는 어딨어?"

"대학교를 졸업하고 대학원에 다니다가 얼마 전에 옆 동네에 있는 박물관에 취직해서 거기서 살아. 아마 며칠 있으면 주말이라 집에 올 거야."

"아."

채원이는 고개를 끄덕였다.

"우리 언니가 똑똑해서 잔소리를 좀 많이 하지만 완전 천사야. 진짜 언니가 빨리 왔으면 좋겠다!"

곧 다가올 주말을 생각만 해도 기분이 좋은지 언니는 환하게 웃었다.

그렇게 한참 동안 소민 언니와 수다를 떨다가 저녁노을이 질 때가 되어서야 채원이는 집으로 돌아왔다.

* * *

두 번째 동아리 수업 시간이 되었다. 이번 수업은 체육관이 아닌 과학실에서 한다고 했다. 채원이는 같은 반 민아와 나란히 과학실로 향했다. 과학실 안 책상 위에는 태블릿 PC가 여러 대 놓여 있었고 조금 떨어진 곳에 있는 큰 테이블에 헬기 착륙장을 나타내는 그림이 놓여 있었다.

아이들이 하나둘씩 들어와 자리에 모두 앉자 이지민 선생님이 물었다.

"너희들 평창 동계올림픽 때 뉴스에 나왔던 오륜기 퍼포먼스 장면, 기억나니?"

"네!"

"그거 드론으로 한 거잖아요!"

아이들이 대답과 함께 소리쳤다.

"그래, 맞아. 그 신기하고 환상적인 장면은 바로 '드론 오륜기'였어. 무려 1,218대의 드론으로 만든 오륜기였지. 그런데 그렇게 수많은 드론으로 무언가를 만들어 보이려면 무엇이 필요할까?"

선생님의 질문에 아이들은 고개를 갸웃거렸다. 그런데 그때 우진이가 손을 번쩍 들며 말했다.

"컴퓨터요!"

"오, 어떻게 알았어?"

선생님의 말에 우진이는 키득거리며 대답했다.

"그냥 저기 태블릿 PC가 있길래 찍은 건데요?"

"눈치 있게 잘 찍었는데? 그래, 답은 바로 컴퓨터야. 그럼 천 개가 넘는 드론을 움직이게 하려면 컴퓨터가 몇 대나 있어야 할까?"

"당연히 컴퓨터도 천 개가 넘어야 하는 거 아녜요?"

또다시 우진이가 대답했다. 아이들도 우진이의 말에 고개를 끄덕였다.

"땡! 드론 오륜기를 만드는 데 사용된 컴퓨터는 딱 한 대였어. 그 컴퓨터를 조작한 사람도 딱 한 명이었지!"

"우와, 진짜요?"

"그게 어떻게 가능해요?"

아이들이 눈을 동그랗게 뜨고 묻자 선생님은 책상 위에 놓인 태블릿 PC를 가리키며 말했다.

"여러분이 한 번쯤 들어봤을 '코딩' 때문이야. 내가 원하는 대로 기계가 움직이도록 컴퓨터에 명령하는 코드를 넣는 작업을 바로 코딩이라고 해. 코딩을 써서 컴퓨터에 미리 여러 대의 드론이 동시에 어떻게 날아다녀야 하는지 입력해두면 쉽게 조종할 수 있는 거지."

"아하!"

아이들은 신기하다는 듯 선생님의 말을 경청했다.

"너희들도 할 수 있어. 코딩을 조금만 배우면 말이야. 그래서 오늘은 코딩을 써서 드론이 움직이는 방법에 대해 알아볼 거야. 지금 너희들 앞에 있는 태블릿 PC를 보면 드론 코딩 앱이 설치되어 있단다. 자, 그럼 화면을 같이 볼까?"

선생님은 스크린 화면에 수업 자료를 띄우고 설명을 시작했다. 아이들 모두 초롱초롱한 눈빛으로 화면과 태블릿 PC를 번갈아 보며 집중했다.

"우선 코딩은 영어를 활용한다는 사실을 기억하고! 앱을 열면 여기 왼쪽에 여러 개의 메뉴가 보이지? 여러분, 드론을 움직이게 할 때 우리가 가장 먼저 해야 할 일이 뭘까?"

"이륙이요!"

"맞아. 이륙은 영어로 'take off'라고 해. 이 메뉴를 가장 위로 올려놓는 거야. 그럼 가장 나중에 하는 것은 뭘까?"

"착륙이요!"

"그래. 착륙을 뜻하는 영어는 'land'야. 이걸 가장 마지막에 둬야겠지? 그리고 둘 사이에 드론이 어떻게 움직여야 할지 명령하는 메뉴를 끼워 넣으면 돼. 앞으로 움직이는 건 'forward', 뒤로 가는 건 'back', 오른쪽은 'right', 왼쪽은 'left'. 뭐, 이 정도는 쉽지?"

"선생님, 여기 메뉴 두 개는 무슨 뜻이에요?"

"그건 회전 동작을 가리켜. 'right yaw'는 오른쪽으로 회전, 'left yaw'는 왼쪽으로 회전하라는 의미야. 움직이는 동작 메뉴는 이 여덟 가지뿐이란다. 이제 다음 단계로 넘어가서 각 움직임을 지시하는 단어 옆에 숫자가 적힌 칸이 무엇인지 알아보자."

"네!"

"그 칸에는 드론이 움직여야 하는 거리와 높이를 입력하는 거야. 예를 들어서 'forward 100cm'라고 입력하면 '앞으로 100센티미터를 가라'는 뜻인 거지."

"아…."

선생님의 말씀을 들으며 아이들은 흥미로운 표정으로 고개를 끄덕였다. 딱 한 명, 채원이만 빼고….

사실 채원이는 지금 선생님이 하는 말이 무슨 뜻인지 하나도 알아들을 수가 없었다. 수업 자료 화면과 태블릿 PC를 아무리 뚫어지게 봐도 도대체 저 글자들이 뭘 뜻하는 건지 전혀 이해가 되지 않았다.

그때 채원이의 귀에서 '윙' 하는 소리가 들려왔다. 다시는 듣고 싶지 않았던 소리, 떠올리기만 해도 괴로웠던 바로 그 소리가….

이 소리를 처음 들은 건 4학년 때 수학학원에서였다. 학교에서 시험을 칠 때마다 형편없는 점수를 받고 선생님의 수업도 도무지 따라가기 어려웠던 채원이는 엄마, 아빠에게 학원을 보내 달라 졸랐다. 하지만 학원에 다닌다고 모든 일이 척척 해결되는 것은 아니었다. 학원 수업도 학교에서만큼이나 어려웠고 쉽게 가르쳐주려는 선생님의 노력에도 좀처럼 이해할 수가 없어서 채원이에게는 모든 것이 다 힘들기만 했다.

그렇게 답답해하며 학원에 다니던 어느 날이었다. 여느 날과 마찬가지로 선생님이 복습할 문제를 내주었다. 분명 어제 배운 내용이라고 하는데 난생처음 보는 것 같은 문제를 보면서 채원이는 안절부절못하고 주변을 둘러보았다. 그런데 다른 아이들은 문제를 막힘 없이 쓱쓱 풀고 있었다.

그때였다. 갑자기 귀에서 '윙' 소리가 나기 시작했다. 그 소리와 함께 앉아 있는 교실의 모든 풍경이 다 낯설게 보였다. 마치 혼자만 뚝 떨어져 벼랑 끝에 서 있는 것 같았다. 너무 외롭고, 너무 무서웠다.

그 날 이후 학원은 그만두었지만 '윙' 소리는 채원이를 계속 따라다녔다. 학교에서 발표할 때나 칠판에 문제 풀이를 하러 나갈 때면 일단 못할 것 같다는 생각부터 들었다. 그리고 같은 일을 해도 척척 해내는 친구들을 보는 순간 바로 '윙' 소리가 또 들리면서 몸이 부들부들 떨리기 시작했다. 아무도 모르는, 오직 채원이 혼자만 알고 있는 '윙' 소리와의 싸움이었다.

그런데 그 '윙' 소리가 또 다시 시작된 것이었다. 그것도 오래전부터 꼭 한번 해보고 싶었던 드론을 눈앞에 두고서…. 채원이는 아무것도 하지 못한 채 손을 바들바들 떨었다. 그때 무언가 이상한 분위기를 눈치챈 선생님이 채원이의 곁으로 다가왔다.

"채원아, 왜 그래? 뭐가 잘 안 돼?"

늘 그랬듯 다정하게 물어보는 선생님에게 채원이는 아무런 대답도 하지 못했다. 선생님은 채원이 앞에 놓인 태블릿 PC 안에 앱의 첫 화면이 그대로 머물러 있는 것을 보더니 소곤거리며 물었다.

"채원아, 여기서 말하기 불편하면 잠깐 나가서 이야기할까?"

채원이는 새빨개진 얼굴로 고개를 끄덕였다.

"무슨 문제라도 있는 거니?"

복도에 나와 묻는 선생님에게 채원이는 한참을 머뭇거리다 말했다.

"…너무 어려워요."

"아, 어려웠구나. 맞아. 코딩이 배우기에 쉽지는 않아."

"저는 못할 것 같아요."

그러자 선생님이 고개를 절레절레 저었다.

"그렇지는 않아, 채원아. 할 수 있어. 사실 선생님도 처음에는 정말 어려웠거든."

선생님이 채원이의 어깨를 잡고 힘주어 말했지만 채원이는 그 말이 곧이들리지 않았다. 그러자 선생님은 채원이의 몸을 뒤로 돌려 과학실 안을 보여주었다.

"채원아, 잘 봐. 지금 저기 공중에 띄워진 드론이 몇 대지?"

채원이는 뚫어지라고 아이들과 드론을 바라보았다.

"세 대요."

"그렇지? 드론 두 대는 아직 제자리에 가만히 있어. 그게 무슨 뜻일까?"

"저랑 또 다른 한 명이 못하고 있는 거….'

채원이는 말꼬리를 흐렸다.

"너에게만 어려운 게 아니라는 뜻이야. 선생님이 드론 코딩을 처음 배우던 날에 있었던 얘기를 해 줄까? 난 놀랍게도 그날 처음 하자마자 바로 성공했어."

"아, 네."

"그랬더니 코딩 선생님이 '어? 한 번에 됐다고요? 그럴 리가 없는데….'라고 하시는 거야. 그러면서 코딩은 원래 '이게 왜 안 되지?', '이건 왜 되지?'의 끝없는 반복이래. 배운 대로 잘했다고 생각했는데 아무것도 안 되고, 어쩌다 성공했는데 왜 그게 잘된 건지 모른다는 거지. 그런데 그 말이 정확히 맞았어. 왜냐하면 내가 그 뒤로 계속 코딩으로 드론을 움직이는 데 실패했거든. 선생님은 아직도 맨 처음에 어떻게 한 번에 성공했는지 이유를 모르겠어."

선생님의 이야기에 채원이는 힘없이 웃었다.

"그러니까 채원아, 코딩을 처음에 어려워하고 실패하는 건 아주 당연한 일이야. 그런데 계속 도전하다 보면 너도 분명 잘할 수 있어. 정말이야!"

선생님은 '정말이야'라고 할 때 힘을 주며 말하고는 채원이의 등을 토닥여주었다.

그날 동아리 수업은 그렇게 끝이 났다.

'시작도 전혀 못 했는데 내가 뭘 해내겠어? 난 절대 아무것도 못할 거야.'

채원이의 머릿속은 복잡하기만 했고 이런저런 생각이 자꾸만 떠올랐다.

사실 '윙' 소리가 들렸던 이후로 채원이가 정말 괴로웠던 일은 따로 있었다. 지금껏 잘했던 과목, 잘할 수 있는 일들도 모두 자신이 없어졌다. 최선을 다해 문제를 풀고 정답을 맞혔는데도 선생님이 질문하면 아무런 대답을 하지 못했다. 혹시라도 틀릴까 봐. 그러면 선생님이 실망하실까 봐. 아니, 무엇보다도 다른 친구들이 비웃거나 무시할까 봐 무서워서 입이 조금도 떨어지지 않았다.

시간이 흐르면서 어느새 채원이는 외톨이가 되었다. 반 친구들은 채원이와 같이 모둠 수업을 하거나 과제를 할 때면 대놓고 한숨을 쉬거나 수군거렸다. 처음엔 수업 시간에만 그랬던 친구들이 쉬는 시간이나 점심시간에도 채원이와 말 한마디 하지 않고 완전히 투명인간을 대하듯 무시했다. 그때부터 채원이는 학교 가는 일이 무섭고 싫었다.

터덜터덜 집으로 가는 길, 채원이의 머릿속 생각은 꼬리에 꼬리를 물더니 마지막에 엄마, 아빠의 얼굴을 떠올렸다. 사실 채원이네 가족이 시골로 이사를 오게 된 '진짜' 이유를 채원이는 알고 있었다.

다른 사람들에게는 주원이의 아토피와 천식을 낫게 하기 위해서라고 얘기했지만 원래 진짜 이유는 채원이 때문이었다. 채원이가 더는 힘들지 않게 학원도, 학교 시험도 없는 곳으로 이사할 거라고 엄마가 이모에게 얘기하는 걸 엿들은 적이 있었다.

채원이도 이사를 하고 전학을 가면 무언가 달라질 거라고 생각했다. 자신을 무시하고 따돌리는 무리를 떠나 새로운 곳에서 새로운 친구들을 사귀면 모든 게 새롭게 시작될 것만 같았다. 게다가 평소 좋아했던 시골 마을로 와서 마당에서 강아지도 키우고 드론까지 배우다니! 오늘 동아리 수업을 듣기 전까지만 해도 채원이는 모든 게 행복하고 즐겁기만 했다.

그런데 달라진 것은 아무것도 없었다. 서울에서 지낼 때처럼 다시

'윙' 소리와 싸워야 했다. 그러면 언젠가 이곳 친구들도 자신을 무시하고 따돌릴 테고 무섭고 괴로워질 게 뻔했다. 이런저런 생각에 걷는 발걸음마다 한숨이 터져 나올 그때였다.

"채원아!"

자신을 부르는 소리에 뒤를 돌아보니 소민 언니가 저 멀리서 환히 웃으면서 손을 흔들고 있었다. 그 모습을 보다가 채원이의 눈에서 왈칵 눈물이 쏟아졌다.

"어머, 채원아! 너 왜 울어?"

깜짝 놀란 소민 언니가 한걸음에 달려와 채원이를 와락 안아 주었다. 그러자 눈물은 더 쏟아져 나오기 시작했고 채원이는 마치 아기가 된 것처럼 우왕 하고 울고 말았다.

'나는 할 수 없어'라는 생각은 이제 그만!

- 공부를 하거나 영어, 피아노, 수영 등 새로운 것을 배울 때 '아, 어떻게 해야 할지 잘 모르겠어. 너무 어려워!' 하고 생각한 적이 많지요? 언제, 무엇을 할 때 그런 생각이 자주 드는지 경험을 떠올려 적어봅시다.

언제, 무엇을 할 때	내 머릿속에 떠오르는 생각
예 수학 문제를 풀 때 배운대로 풀어도 계속 답이 틀릴 때	예 왜 또 틀렸지? 나는 정말 머리가 나쁜가봐. 이런 건 절대 풀 수 없어!

- 만약 내 머릿속에서 '나는 기억력이 나빠', '나는 공부를 못하는 아이야', '나는 발표를 하는 게 무서워'라고 생각하면, 우리의 뇌는 정말로 '그래, 나는 절대 못할 거야.'라고 믿게 됩니다. 내가 생각을 바꾸지 않으면 뇌도 다시 배우거나 공부하지 않아요.

- 자, '나는 할 수 없어!'라는 생각을 한 번 바꿔볼까요? 답답하고 속상한 기분과 감정이 느껴질 때에는 이렇게 소리내어 말해보세요.

  "괜찮아!", "차근차근히 하자!", "내가 할 수 있는 것부터 해보자!"

오늘의 몰입 한 줄 ★★★

우리의 뇌는 우리가 느끼는 기분과 감정에 따라서 더 똑똑해지기도 하고, 더 나빠지기도 해요. **'할 수 없어'라는 부정적인 생각보다 '잘할 수 있어'라는 긍정적인 생각을 많이 할수록 분명 무엇이든 훨씬 더 잘하는 학생이 될 수 있을 거예요!**

# 깜짝 놀란 과외 선생님의 정체!

소민 언니와 함께 집으로 걸어오는 길, 울음은 겨우 그쳤는데 심장은 계속 빨리 뛰었고 속상한 마음은 쉽게 가시지 않았다.

"채원아, 이따가 리온이랑 놀러 와. 언니랑 아이스크림도 먹고 강아지들이랑 놀면서 기분 풀자, 응?"

언니의 말에 채원이는 힘없이 고개를 끄덕였다.

집에 온 채원이는 반기는 리온이를 못 본 척하고 현관으로 들어섰다. 그리고 소파에 털썩 몸을 묻고 앉은 채 가방을 내려놓았다.

"채원아, 무슨 일 있어? 얼굴이 왜 그래?"

엄마가 채원이의 얼굴을 보고 깜짝 놀라 옆으로 다가와 앉았다. 채원이는 뭐라고 말을 꺼냈다가는 당장이라도 눈물이 나올 것 같아 아무 말도 하지 않았다. 그런 채원이를 유심히 바라보던 엄마는 말없이 안아 주고 어깨를 토닥여주었다. 그렇게 한참을 앉아 있다가 채원이가 말문을 열었다.

"엄마, 저 소민 언니랑 놀다 와도 돼요?"

"그럼."

엄마가 미소를 지으며 말했다. 채원이는 마당으로 나가 리온이를 안고서 옆집으로 향했다.

"앗! 너, 채원이구나?"

옆집 마당에 있는 테이블에 소민 언니와 처음 보는 언니가 마주 보고 앉아 있었다.

"반가워. 난 경민 언니라고 해. 소민이의 언니지. 얘가 옆집에 귀여운 동생이 이사 왔다고 하도 자주 얘기해서 네가 엄청 궁금했어."

경민 언니가 환히 웃으며 말했다. 채원이는 어색한 표정으로 꾸벅 인사했다.

"에이, 그렇게 인사하지 않아도 돼."

경민 언니는 손사래를 치며 자리에서 일어나더니 현관문을 열고 들어가면서 말했다.

"둘이 놀고 있어. 내가 과일이랑 간식 좀 가지고 올게."

채원이가 리온이를 내려주고 맞은편 의자에 앉자 소민 언니가 몸을 앞으로 숙이며 가까이 다가와 물었다.

"채원아, 너 아까 왜 그렇게 펑펑 운 거야?"

그 질문에 채원이는 쉽사리 답하지 못하고 머뭇거렸다.

"얘기하기 어려워? 그럼 안 해도 돼!"

"아, 아니. 그건 아닌데. 무엇부터 말해야 할지 모르겠어…."

"음, 그냥 천천히 네가 하고 싶은 이야기부터 하면 되지."

그 말에 채원이는 한숨을 한 번 길게 내쉰 후 입을 열었다.

"오늘 드론 코딩이라는 걸 처음 배웠거든."

언니는 고개를 끄덕이며 채원이의 이야기를 진지하게 들어주었다. 언니의 모습에 왠지 마음이 안심되어서였을까? 동아리 수업 시간부터 집에 올 때까지 채원이의 머릿속을 괴롭혔던 많은 생각이 말이 되어 입에서 줄줄이 쏟아져 나왔다. 신기하게도 소민 언니에게 말하는 동안 채원이는 전혀 눈물이 나오지 않았고 오히려 웃기도 하고 화도 내면서 신나게 떠들었다.

그런데 전혀 예상하지 못한 일이 벌어졌다. 채원이의 이야기를 듣던 소민 언니의 표정이 어느 순간 어두워지더니 갑자기 눈에서 눈물 방울이 뚝뚝 떨어져 내렸다.

"어? 언니…."

갑작스러운 언니의 눈물에 채원이가 당황한 그때 과일과 간식이 든 쟁반을 들고 나오던 경민 언니가 깜짝 놀라 빠른 걸음으로 다가왔다. 그리고 쟁반을 테이블에 내려놓더니 소민 언니를 안고 토닥이며 말했다.

"괜찮아?"

소민 언니는 고개를 끄덕이더니 훌쩍이며 말했다.

"언니, 얘 나하고 너무 똑같아."

경민 언니는 놀란 얼굴로 소민 언니와 채원이를 번갈아 쳐다보았다. 채원이 역시 놀라서 소민 언니를 쳐다보았다.

"너랑 똑같다고? 그게 무슨 얘기야?"

경민 언니가 테이블 의자에 앉으며 물었다.

"채원아. 있잖아, 나도 너처럼…."

소민 언니는 채원이를 바라보며 자기의 이야기를 들려주기 시작했다.

언니는 어릴 때부터 신동, 영재라는 말을 들을 만큼 아주 똑똑한 아이였다. 책도 좋아하고 무엇이든 배우는 게 재밌어서 유치원을 다닐 때 이미 초등학교 공부를 시작했다고 했다.

"근데 사실 나는 어른들한테 칭찬을 듣고 싶어서 공부했던 거야. 관심받는 게 좋았거든."

언니는 피식 웃으며 말을 이어갔다. 그렇게 공부하다 보니 초등학교 5학년 때 학원에서 중학교 과정을 배우기 시작했다. 언니가 다닌 학원은 영재 학교를 준비하는 학생들이 다니는 곳이었는데 또래 친구

는 단 한 명도 없고 공부를 잘하기로 소문난 6학년 언니, 오빠들만 있었다고 했다. 그런데 그게 문제였다.

"내가 학원에서 칭찬을 좀 많이 들었거든. 경시대회에 나가면 6학년을 다 제치고 늘 1등을 했고 학원에서 시험 볼 때도 마찬가지였어. 그래서 학원 선생님들이 6학년들한테 영재 학교에 갈 수 있는 학생은 나 하나뿐이라고 비교하며 말하고…. 어휴, 선생님들도 왜 그렇게 말했는지 몰라."

당시 일이 떠올랐는지 소민 언니는 한숨을 크게 내쉬었다. 그 이후 학원에서 6학년들이 점점 언니를 따돌리기 시작했고 얼마 지나지 않아 더 심각한 일이 벌어졌다. 그 6학년 중 한 명한테 동생이 있었는데 그 동생이 소민 언니와 같은 반 친구였다. 갑자기 그 친구가 분위기를 주도해서 학교에서도 언니를 따돌리는 일이 벌어진 것이다.

"정말 하루하루가 너무 힘들었어. 아무도 나와 말하려고 하지 않고 눈도 마주치지 않았거든. 밥도 매일 혼자 먹었고 모둠 수업에서도 아무도 나랑 하지 않으려고 하더라고."

소민 언니의 이야기에 채원이의 마음이 찌르르 울렸다.

"자꾸 그런 일들이 있으니까 학원도 학교도 가기 싫고 공부도 너무 하기 싫더라. 그래서 아무것도 안 했어. 어떤 때는 새벽부터 다음 날 낮까지 이틀 내내 방 안에 그냥 누워있기만 했어. 잠도 안 오는데…."

조용히 듣고 있던 경민 언니가 나직이 한숨을 쉬었다.

"채원아, 지난번에 나보고 왜 학교 안 가냐고 물어봤었지?"

채원이는 대답 대신 고개를 끄덕였다.

"그래서 안 갔던 거야. 너무 가기 싫어서…."

그때 경민 언니가 채원이를 보며 물었다.

"혹시 채원이도 학교 가는 게 좀 힘들어?"

"아니, 그건 아닌데…요. 저는 공부를 못해서요."

채원이의 대답에 경민 언니가 미소를 지었다.

"채원아, 나도 소민이처럼 그냥 몇 살 많은 언니니까 존댓말 쓰지 말고 편히 말해도 돼."

경민 언니의 말에 채원이는 머쓱하게 웃으며 말했다.

"아니, 왠지 너무 어른 같아서…."

"나이 차이가 있어서 그렇게 느낄 수도 있겠다. 근데 그냥 소민이처럼 옆집 언니라고 생각하고 편하게 얘기해도 돼."

채원이는 알겠다는 듯 고개를 끄덕이며 말했다.

"난 시골로 이사 온 것도 좋고, 지금 학교로 전학 온 것도 좋고, 너무 하고 싶었던 드론을 배우는 것도 좋은데…. 조종기로 드론을 띄우는 건 잘했지만 코딩을 알아야 드론이 여기저기 날아다니게 하는데 코딩을 정말 하나도 모르겠어."

이야기하다가 다시 속상해진 채원이는 고개를 푹 숙였다.

"채원아, 코딩은 언니한테도 정말 어려워."

깜짝 놀란 채원이가 동그래진 눈으로 경민 언니를 보았다.

"나도 배운 적 있거든. 그런데 첫날부터 진짜 어렵더라고. 뭘 해보기는 하는데 잘하는 건지, 못하는 건지도 모르겠고."

"정말?"

"그럼."

경민 언니는 고개를 크게 끄덕였다.

"동아리 선생님도 배울 때 어려웠다고 해서 그냥 위로로 한 말인 줄 알았어…."

경민 언니가 혼잣말처럼 중얼거리는 채원이에게 더 가까이 다가가 말했다.

"채원아, 아마 오늘 동아리 친구 중에도 제대로 코딩을 해낸 사람은 거의 없을걸? 처음부터 능숙하게 척척 잘하는 사람이 어디 있어?"

"그런가…?"

채원이는 고개를 갸웃거리며 기억을 더듬어 보았다. 낯선 화면, 낯선 용어들을 보며 이해하기 어려워서 당황하고 움츠러들어서 주변 친구들 모습을 제대로 살펴보지는 못했지만 태블릿 PC를 켜고 앱을 열어서 척척 다루는 아이도, 배우기 쉽다고 말하는 아이도 없었던 것 같았다.

"아이고. 소민이도 오랜만에 봤고, 더군다나 채원이는 처음 만난 건데 분위기가 너무 우울하네! 우리 이거 먹고 재미있는 얘기 하자, 응?"

경민 언니가 배 한 쪽을 포크로 쿡 찍어 채원이에게 건네주었다. 그리고는 언니들의 어렸을 때 이야기, 좋아하는 아이돌 가수 이야기도 하면서 즐겁게 해주려고 노력했다. 그렇게 한참을 수다를 떠는 동안 다행히 소민 언니도, 채원이도 기분이 많이 나아졌다.

어느덧 노을이 지고 채원이는 소민 언니네 엄마가 챙겨 준 상추 한 봉지를 들고 집으로 돌아왔다. 현관문을 잡고 살짝 여는 순간 거실에서 엄마, 아빠의 대화 소리가 들려왔다.

"그래? 기분이 많이 안 좋아?"

"그런 것 같아. 지금까지 괜찮았는데 걱정이네."

"좀 더 기다려 보자. 시간이 지나면 다시 좋아질 수도 있잖아."

"하아….'

잠시 멈춰 선 채원이는 심호흡을 한 번 크게 삼킨 뒤, 현관문을 닫고 들어서며 큰소리로 외쳤다.

"다녀왔습니다!"

그 소리에 엄마와 아빠가 깜짝 놀라 채원이를 바라보았다.

"아니, 우리 채원이가 기분이 엄청 좋아졌네? 목소리가 천장을 뚫겠다!"

"하하하! 언니들이랑 재미있는 얘기를 엄청 많이 해서 그런가 봐요."

채원이는 상추가 든 봉투를 부엌에 갖다 놓고는 엄마, 아빠한테 들리게 룰루랄라 콧노래를 부르며 손을 씻으러 갔다.

* * *

며칠 후, 동아리 활동이 있는 날이 돌아왔다. 과학실로 모이기로 한 걸 보니 오늘도 분명 코딩 수업을 할 것 같았다. 그 생각에 채원이는 수업을 듣는 내내 이따 동아리 활동을 가야 할지 말지 마음이 갈팡질팡했다.

'하아, 안 되겠다. 오늘은 그냥 쉴래.'

결국 채원이는 이지민 선생님에게 머리가 아프다고 말하고는 조퇴를 하고 집으로 향했다. 이렇게 그냥 포기하면 안 되는데 하는 생각이 들었지만 결국 과학실로 가려는 마음도, 용기도 생기지 않았다.

"채원아!"

막 집 앞에 도착했을 무렵, 소민 언니와 경민 언니가 채원이를 불렀다. 강아지들을 데리고 산책을 나가는 것 같았다.

"언니!"

채원이는 반갑게 웃으며 언니들을 향해 달려갔다.

"오늘 학교는 재밌었어?"

경민 언니가 허리를 숙여 채원이와 눈높이를 맞추며 물었다. 금세 시무룩해진 표정으로 채원이가 고개를 저었다.

"사실 오늘 동아리 수업이 있었는데… 안 갔어. 또 제대로 못 할까 봐 무서워서…."

"괜찮아. 잘했어. 쉬고 싶을 땐 한 번쯤 쉬는 게 좋거든. 우리 같이 강아지들 산책시킬까? 리온이도 데리고 와."

채원이는 얼른 집으로 들어가 가방을 던져놓고 리온이에게 목줄을 채운 후 함께 나왔다. 그리고 동네 한 바퀴를 걸어 다니며 언니들과 수다를 떨었다.

* * *

토요일이었다. 채원이는 여느 주말처럼 늦잠을 자고 있었다. 그런데 갑자기 엄마가 방문을 열고 말했다.

"채원아, 이제 일어나. 사실 오늘 과외 선생님이 채원이한테 인사하러 오시기로 했어. 얼른 씻고 밥도 먹고 준비하자."

"네? 과외선생님이요?"

화들짝 놀란 채원이가 벌떡 일어나며 물었다.

"엄마, 저한테 과외 수업 얘기한 적 없잖아요."

채원이는 볼이 잔뜩 부은 채 엄마를 쳐다봤다.

"음, 엄마가 선생님하고 같이 준비한 깜짝 이벤트랄까?"

"이게 무슨 이벤트예요…. 휴우…."

화가 난 채원이는 투덜거리며 욕실로 들어갔다. 씻고 나오니 식탁에는 밥이 차려져 있고 오븐에서 빵 굽는 냄새가 솔솔 풍겨왔다. 아마도 엄마가 간식을 만드는 모양이었다.

꾸역꾸역 밥을 다 먹고 이부자리도 대충 정리한 뒤 책상 의자에 털썩 앉았다. 과외라니…. 다시 '윙' 소리가 들리는 것 같았다. 채원이가 서울에서 살 때, 학원을 그만두고 일주일에 두 번 과외를 했었다. 과외 시간도 힘들었지만 매번 선생님이 남기고 간 숙제를 하는 게 몇 배나 더 힘들었다. 학교에 다녀오면 학교 숙제에 과외 숙제까지 하느라 벅찼고 제대로 다 하지 못한 날이면 너무 초조하고 불안해서 과외 선생님이 제발 안 오셨으면 하고 생각했다. 그런데 여기 와서도 또 과외를 하다니. 이건 정말 생각하지도 못한 끔찍한 일이었다. 그때였다.

"어머, 어서 오세요! 채원아, 선생님 오셨다!"

엄마의 목소리에 채원이는 눈을 질끈 감고 입술을 깨물었다. 그리고 어쩔 수 없이 방문을 열고 나갔다.

"안녕? 채원아, 반가워!"

현관 앞에 서 있는 선생님의 정체를 확인하는 순간, 채원이의 눈이 휘둥그레졌다. 그곳에는 경민 언니와 소민 언니가 나란히 서 있었기 때문이다.

"어? 언니들이 왜?"

두 언니는 어리둥절한 채원이를 보고 크게 웃으며 말했다.

"하하하! 난 오늘부터 채원이의 과외 수업을 맡은 한경민이고, 이쪽은…."

경민 언니가 소민 언니를 가리키며 말했다.

"과외를 도와줄 내 부하야!"

그러자 소민 언니가 한쪽 눈을 찡긋하며 손으로 브이 자를 그렸다. 그제야 채원이의 얼굴에 웃음이 피어올랐다.

"어이구, 조금 전까지 엄청 화가 났던 채원이 맞니? 과외 선생님을 너무 반가워하는데?"

엄마가 채원이의 어깨에 손을 올리며 말했다. 괜한 심통을 부려 미안한 마음에 채원이의 얼굴이 빨개졌다.

엄마는 두 언니에게 어서 들어오라고 말하고 채원이 방으로 안내해 주었다. 들어가자마자 소민 언니는 마치 제 방인 양 책상 의자를 끌어와 털썩 앉았고 경민 언니는 채원이의 방을 쓱 둘러보았다.

"와, 이 사진들은 뭐야? 드론을 좋아해서 일부러 모아서 붙인 거야?"

소민 언니가 채원이의 방 벽면에 붙어 있는 다양한 모습의 드론 비행 사진과 드론으로 촬영한 광활한 풍경 사진들을 가리키며 물었다.

"아, 아니. 처음엔 그냥 예뻐서 붙였던 건데 어쩌다 보니 다 드론 사진이더라고."

채원이가 쑥스럽게 웃었다.

"생각했던 것보다 채원이가 드론에 관심이 정말 많구나. 여기 봐. 드론에 관한 책도 네 권이나 있어!"

경민 언니가 책장을 가리키며 말했다.

"근데 아직 다 못 읽었어. 좀 어려워서…."

"그렇구나."

그때 엄마가 갓 구운 빵과 직접 과일을 갈아서 만든 주스를 가지고 들어왔다.

"와, 이게 바로 그 빵이죠? 소민이가 저번에 먹어봤는데 세상에서 제일 맛있는 빵이었다고 하더라고요. 정말 궁금했는데!"

엄마에게 쟁반을 건네받아 내려둔 경민 언니는 빵을 하나 집어 들더니 한 입 베어 물었다.

"역시…. 소민이의 말이 맞네요. 어떻게 빵을 이렇게 맛있게 만드세요?"

엄마가 웃으며 말했다.

"사실 주원이가 아토피가 워낙 심해서 첨가물 없는 간식을 직접 만들기 시작했는데 채원이랑 주원이가 빵을 가장 좋아하더라고. 그래서 거의 매일 열심히 만들었는데 그러다 보니 맛있어졌나 봐. 너희들도 먹고 싶을 땐 언제든 말해 줘."

엄마가 방에서 나가고 언니들과 채원이는 빵을 먹으며 계속 수다를 떨었다. 주로 소민 언니와 채원이가 드론과 강아지에 관해 이야기하고 경민 언니는 맞장구를 치며 들어주었다. 그러다 문득 채원이가 고개를 갸웃거리며 물었다.

"그럼 우리 과외 수업은 언제부터 하는 거야?"

"지금 하는 중인데?"

경민 언니가 말했다.

"응? 지금 이게 과외라고?"

채원이는 영문을 모르겠다는 듯 두 언니를 번갈아 쳐다보았다.

내가 정말 하고 싶은 일을 찾자!

- 영어책 읽기, 코딩 배우기, 독서 토론, 축구 등 학교에서 듣는 방과후 수업이나 참여하고 있는 동아리 활동이 있나요? 아래 예시를 보고 어떤 수업(활동)인지 이름을 적고, 왜 그 활동을 골랐는지 이유를 써봅시다.

내가 하고 있는 수업(활동)	이 수업(활동)을 고른 이유
예) 로봇 만들기 동아리	예) 내가 직접 조종할 수 있는 로봇 자동차나 비행기를 만들고 싶었다. 원하는 모양과 기능, 작동법을 상상하는 것도 재밌고 실제로 만들어 내면 엄청 신기하고 보람을 느낀다!

- 위에 쓴 '내가 하고 있는 수업(활동)'과 관련된 직업이 있다면 무엇이 있을까요? 아래 예시를 보고 직업을 찾아서 써봅시다.

내가 하고 있는 수업(활동)	관련 직업
예) 로봇 만들기 동아리	예) 로봇공학자, 드론 전문가, 로봇 개발 회사 CEO, 대학 교수

내가 하고 있는 수업(활동)	관련 직업

- 훗날 어른이 되어서 직업을 갖는다면 나는 무슨 일을 하는 사람이 될까요? 어른이 되어서도 내가 정말 하고 싶은 일이 무엇인지 생각하는 시간을 가져봅시다.

오늘의 몰입 한 줄 ★★★

내가 어른이 되어서도 하고 싶은 일은 무엇일까요? **생각만 해도 마음이 설레고 즐거워지는 꿈을 머릿속에서 생생하게 그려보세요.** 어느샌가 그 꿈을 이루기 위해 노력하는 내 모습을 발견하게 됩니다!

 # 나는 무엇이든 잘하는 사람이야!

멍하게 쳐다보는 채원이에게 경민 언니가 웃으며 말했다.

"오늘의 수업 주제는 '오채원은 어떤 사람일까?'이거든. 그래서 오늘 가장 중요한 역할을 소민 부하가 하고 있었어. 그렇지, 부하?"

"네. 대장님!"

소민 언니가 빵을 입에 문 채 대답했다.

"지금 나 놀리는 거야?"

채원이는 여전히 무슨 상황인지 모르겠다는 표정이었다.

"설마, 그럴 리가…."

경민 언니는 손사래를 치며 채원이의 곁으로 다가와 앉았다.

"우리는 오늘 채원이 네가 좋아하는 것에 대해 듣고 싶었어. 만약 진짜 선생님처럼 진지하게 '네가 좋아하는 것은 무엇이니?'라고 물으면 너도 뭔가 고민해보고 대답해야 한다는 부담을 느낄 것 같았거든. 그래서 지금처럼 이렇게 편하게 얘기를 나눈 거야. 그래서 오늘 채원이가 가장 즐겁게 이야기한 것을 떠올려 보니 드론이랑 강아지였어. 특히 언니들보다 드론에 대해 아는 것도 훨씬 많고 오래전부터 좋아한 것 같던데?"

채원이는 고개를 끄덕였다.

"그런데 요즘 마냥 좋기만 한 게 아니라서 걱정이지? 코딩이 너무 어려워서 말이야. 그래서 할 수 있다는 자신감도 없어지고 자꾸 포기하고 싶은 생각도 들고…."

경민 언니의 말에 채원이는 연신 고개를 끄덕였다.

"채원아, 언니는 어떤 공부를 하고 있냐면 고고미술사학을 배우고 있어."

"고고미술사학?"

왠지 어렵게 느껴지는 말에 채원이가 고개를 갸웃거렸다.

"응. 처음 들어보지? 고고미술사학이라는 건 아주 오랜 옛날부터 전해져 내려오는 그림이나 조각, 공예품, 건축물과 같은 미술 작품과 그 역사를 배우는 과목이야. 내가 어릴 때부터 미술 작품도 좋아하고 옛날 역사도 참 재미있어했거든. 가족들이랑 여행 가서 미술관이나 박물관을 갈 때마다 시간 가는 줄도 모르고 제일 즐거웠어. 그래서 이

과목이야말로 내가 꼭 배우고 싶은 거라고 생각했지. 그런데 막상 공부해보니 너무너무 어려운 거야."

경민 언니는 고개를 절레절레 젓더니 말을 이어갔다.

"미술과 역사, 두 가지를 공부해야 하니까 배우고 알아야 할 게 상상도 못 할 만큼 많았어. 어느 날 시험을 코앞에 두고 잠을 잘 못 자서 몸은 피곤한데 공부는 전혀 안 되어서 왠지 시험을 망칠 것 같은 생각에 엄청 불안해졌어. 학교에서 다른 친구들을 만나면 애들은 다 시험공부를 다 끝낸 것 같고, 나와 달리 초조해하지 않는 것 같아서 괜히 나 혼자 뒤처지는 기분이었어. 머릿속에는 그냥 도망치고 싶은 생각뿐이었지. 책상에 앉아 있다가 책을 딱 덮어버리고 바로 잤어. 정말 아무것도 하기 싫었거든."

순간 채원이는 가슴이 찌릿해졌다. 지금 자신의 마음과 경민 언니가 느꼈던 기분이 어쩜 저렇게 똑같을까 싶었다.

"그렇게 며칠이 지났어. 그러던 어느 날 뭐 하고 놀지 하면서 아무 생각 없이 컴퓨터를 켜고 인터넷을 보다가 문득 깨달았지. 내가 너무 재밌어서 보고 있던 게 경주에서 새롭게 발굴된 신라 시대의 유물에 대한 글이었어. 땅을 파헤치다 무덤 형태의 공간이 발견됐는데 거기서 엄청 화려한 모양의 귀걸이가 나왔다는 거야. 학교에서 공부했던 책까지 펼쳐서 어떻게 이런 유물이 있었을까 하며 집중해서 읽다가

'와, 정말 재밌다'는 생각이 들더라고."

이야기를 듣는 동안 채원이의 가슴도 두근거리는 것 같았다.

"그때 마음속 깊이 깨달았어. '아, 내가 정말 좋아하는 게 바로 이거구나. 고고미술사학이 맞았어!' 마치 운명처럼 말이야. 하하하."

"그럼 결국 시험은 어떻게 됐어?"

채원이가 조용히 물었다.

"일단 어려웠던 부분부터 조금이라도 이해가 될 때까지 세 번이고, 네 번이고 계속 읽어봤어. 그래도 어려우면 교수님이든 친구한테든 물어보고, 도서관에 가서 책도 뒤져보고, 인터넷으로도 찾을 수 있는 건 다 찾아봤어. 그래도 여전히 어려웠지만 마음속으로 이렇게 생각했어. '난 내가 하고 싶은 이 공부를 꼭 잘 해낼 수 있는 사람이야.' 그러니까 포기하지 않게 되더라고. 결과적으로 시험은 잘 못 봤어. 시간이 너무 없었거든. 그런데 다음 시험, 또 그다음 시험을 볼수록 점점 어려운 게 줄어들고 공부도 잘하게 되고 성적도 좋아지더라고."

채원이는 힘없이 고개를 끄덕였다.

"언니처럼 포기하지 말고 일단 계속 도전해 보는 건 어때? 드론은 네가 정말 좋아하는 거잖아."

옆에서 듣고 있던 소민 언니가 채원이의 손을 잡으며 말했다.

"내가 정말 잘할 수 있을까?"

"채원아, 너 리온이랑 친하지?"

경민 언니는 갑자기 리온이 이야기를 꺼냈다. 채원이는 '응' 하고 고개를 끄덕였다.

"네가 시골에 이사 오기 전까지는 강아지를 키워본 적도 없고 강아지와 어떻게 친해지는지도 전혀 몰랐잖아. 그런데 리온이와 금세 친해졌고 강아지에게 초콜릿을 주면 안 되는 것도 기억하고 있고 산책을 자주 시켜주는 게 좋다는 걸 알고 있지. 왜 그럴까?"

"그거야 리온이를 좋아하니까…."

"맞아. 네가 리온이가 좋아하니까 리온이를 돌봐주기 위해 필요한 걸 늘 생각하고 기억하고 챙겨 주고 있어. 그렇지?"

"응."

"그런데 이 세상에는 강아지를 아무리 좋아해도 쉽게 친해지지 않는 사람들도 있어. 강아지가 뭘 좋아하는지, 또 어떻게 놀아줘야 하는지 전혀 모르는 사람들 말이야. 그런데 넌 아주 잘 해내고 있어. 한 번도 해보지 않은 일을 어려워하지 않고 잘하고 있잖아. 그렇지?"

경민 언니는 소민 언니를 보며 그렇지 않냐고 물었다.

"맞아. 채원이는 천재야. 강아지 천재."

소민 언니가 고개를 끄덕이며 말했다.

"아, 참고로 소민이는 강아지에 대한 공부만 1년이 넘게 했어. 쟤가 그런 애였거든. 강아지를 무척 좋아하지만 어떻게 친해져야 하는지 모르는 사람. 오빠가 처음 열무를 데려온 날이었어. 여러 사람이 둘러싸고 자기를 보니까 열무가 엄청 무서워했는데 소민이가 귀엽다며 무작정 만지려고 손을 뻗는 바람에 겁에 질린 열무가 왕 하고 짖으니 놀라서 울었다니까."

"정말?"

채원이가 의외라는 듯 소민 언니를 쳐다봤다.

"채원이 넌, 너도 몰랐겠지만 강아지와 쉽게 친해질 수 있는 사람이었던 거야. 그리고 소민이처럼 원래는 강아지와 친해지기 어려운 사람인데 강아지를 정말 좋아하는 마음에 포기하지 않고 꾸준히 노력한 결과, 누구보다 강아지와 친해진 사람이 되는 경우도 있지. 채원이에게 드론은 어떤 것 같아?"

경민 언니의 질문에 채원이는 잠깐 생각을 하다가 대답했다.

"좋아하지만 어려운 것….”

"나한테 강아지가 딱 그랬다니까!"

소민 언니가 웃으며 말했다.

"정말 상상이 안 돼. 난 언니가 타고난 강아지 박사인 줄 알았어. 모르는 게 없고 정말 잘 돌봐주잖아….”

채원이의 말에 경민 언니가 진지한 표정으로 말했다.

"채원아, 너는 드론 코딩을 원래 못 하는 사람인 게 아니라 '아직' 못 하는 것뿐이야. 그리고 누구에게나 '아직' 못 하는 것들은 다 있어. 아무리 훌륭하고 뛰어난 사람이라고 해도 말이야."

채원이는 이제 이해하겠다는 듯 고개를 끄덕였다.

"자, 세상에서 가장 짧지만 가장 강력한 두 단어의 영어 표현이 있어. 뭘까?"

"글쎄….”

"바로 'I am'이야!"

"I am?"

"I am이 무슨 뜻이지?"

"나는 …입니다?"

"맞아! 그 두 단어의 뒤에 무엇을 붙이든 아주 강력한 힘을 지닌 말이 돼. 예를 들어 네가 'I am Oh Chae Won.'이라고 하면 '나는 오채원입니다'라는 말이잖아. 확실한 사실이니까 아무 의심이 없지?"

채원이는 고개를 끄덕였다.

"그럼 이제 채원이 네가 되고 싶은 것이나 하고 싶은 걸 I am 뒤에 붙여보는 거야. 그리고 소리 내서 말해봐. 그럼 의심할 것 없이 그렇게 진짜 이뤄질 거야."

정말 그럴 수 있을까 하는 표정으로 채원이는 고개를 갸웃거렸다. 그러자 소민 언니가 싱긋 웃으며 말했다.

"내가 그랬어. 나는 열무랑 쉽게 친해지지 않는데 오빠랑 언니는 같이 재밌게 노는 모습을 보면서 '나는 강아지와 친해질 수 있는 사람이야'라고 계속 곱씹듯 생각하고 말했거든. 지금은 정말 그런 사람이 됐잖아. 그러니까 너도 오늘부터 마음속으로 '난 드론 코딩을 잘 할 수 있는 사람이다'라고 생각해 봐."

"정말 그렇게 될 수 있을까?"

"그럼. 나도 해냈는걸. 분명 너도 할 수 있어."

소민 언니의 대답에도 채원이가 여전히 멍한 표정으로 생각에 잠겨 있자 언니가 채원이의 어깨를 잡고 말했다.

"채원아, 일단 생각만 해보는 거야. 생각만! 생각하는 게 어려운 일은 아니잖아. 한번 해 봐."

언니 말이 맞았다. 힘들여서 몸을 움직이는 것도 아니고, 책상 앞에 앉아 공부해야 하는 것도 아니고 그저 생각만 하면 되는 일이었다. 딱히 어려울 게 하나도 없었다.

채원이는 두 언니를 번갈아 보며 고개를 끄덕였다.

"응. 나도 한번 해 볼게."

"오, 좋아 좋아!"

언니들은 활짝 웃으며 엄지손가락을 치켜들었다. 한번 해보겠다는 말이 뭐가 그리 대단하다고. 엄청난 일을 해냈다는 듯 기뻐해주고 또 응원해주는 언니들을 보며 채원이도 기분이 좋아졌다.

* * *

동아리 수업이 있는 날, 채원이는 과학실 앞 복도에서 창밖을 바라보며 서 있었다. 다른 아이들에게는 보이지 않게 심호흡도 몇 번 했다. 그리고 언니들이 가르쳐준 대로 '나는 드론 코딩을 잘할 수 있는 사람이다'라고 마음속으로 여러 번 되뇌었다. 왠지 두려운 마음이 조금 사라진 것 같았다.

채원이는 조심스럽게 과학실 문을 열고 들어갔다. 그 안에는 여느 때와 마찬가지로 태블릿 PC와 드론, 그리고 이착륙장이 준비되어 있었다. 늘 앉던 자리로 향한 채원이는 앞에 놓인 태블릿 PC의 화면을 멍하니 바라봤다. 잠시 후, 옆 반인 민들레반의 가윤이가 과학실을 들어서더니 평소 앉던 자리를 지나 채원이의 옆자리로 와 앉았다.

"채원아, 너 서울에서 전학 왔다며?"

"응."

채원이가 고개를 끄덕이며 대답하자 가윤이가 활짝 웃으며 말했다.

"있잖아, 나도 4학년 때 서울에서 전학 왔어!"

"정말? 그런데 내가 서울에서 온 걸 어떻게 알았어?"

"아, 너 지난번 수업 때 안 나왔잖아. 그래서 내가 민아한테 왜 안 왔냐고 물어봤거든. 그러다가 네가 서울에서 전학 온 친구라는 얘기를 들었어."

"아, 그랬구나."

채원이가 고개를 끄덕였다. 그때 가윤이가 태블릿 PC를 가리키며 말했다.

"우리 오늘 코딩 같이하자! 지난 수업 때 배운 거 내가 알려줄게."

갑작스러운 가윤이의 말에 놀란 것도 잠시, 채원이의 가슴이 두근거리기 시작했다. 지금까지 무슨 일이든 채원이한테 먼저 같이하자고 말하는 아이들이 없었는데…. 낯설게 들리면서도 정말 오랜만에 들어

본 말이라 왠지 반가웠다.

하지만 채원이는 선뜻 대답하지 못하고 잠시 머뭇거리다 가윤이에게 물었다.

"그런데… 왜 나한테?"

"사실은 지난 수업 내용이 어려워서 내가 아직 잘 못 하겠거든. 근데 네가 지난 시간에 안 왔으니까 너한테 배운 거 알려주면서 나도 다시 공부하려고. 그럼 너도 돕고 나한테도 좋고…."

가윤이의 솔직한 대답에 채원이는 환히 웃으며 말했다.

"그래. 그럼 가르쳐줄래? 나는 코딩이 진짜 너무 어렵거든."

그렇게 채원이는 그날 동아리 수업 내내 가윤이와 드론 코딩을 함

께 했다. 여전히 어렵기는 했지만 막히는 부분이 나올 때마다 가윤이가 잘 알려줘서 드론을 띄우고 내리는 데는 겨우 성공할 수 있었다.

"휴우. 이렇게 하는 거였구나!"

마침내 드론을 무사히 착륙시킨 채원이가 의자에 털썩 앉으며 말했다.

"별로 안 어렵지?"

가윤이가 계속 코딩을 입력하느라 눈을 태블릿 PC 화면에 고정한 채 채원이에게 물었다.

"음, 그래도 반복적으로 연습을 더 해야 할 것 같아. 넌 뭐 해?"

"나는 드론이 장애물을 피해서 날아가게 하는 거 해 보려고…. 이거 좀 복잡하네."

가윤이는 임시로 세워둔 장애물로 다가가더니 손뼘을 써서 거리와 높이를 어림잡아 계산하고 화면 속 빈칸의 숫자를 고치느라 정신이 없었다. 가윤이의 태블릿 PC 화면 속에 입력된 복잡하고 알기 힘든 코딩을 보면서 채원이는 불쑥 부러운 생각이 들었다.

'애처럼 코딩을 잘하면 좋을 텐데…. 분명 가윤이는 나보다 훨씬 드론을 잘 조종하게 되겠지? 난 절대 가윤이처럼 할 수는 없을 거야.'

채원이는 고개를 휘휘 저으며 이런 생각을 떨쳐보려 애썼지만, 아직은 가윤이뿐 아니라 다른 아이들보다도 쉬운 것조차 제대로 하지 못하고 쩔쩔매는 자신의 모습에 긴 한숨이 절로 나왔다.

＊＊＊

며칠 후, 학교 수업을 마치고 집에 가는 길에 강아지들을 데리고 산책을 가려는 소민 언니와 딱 마주쳤다. 그리고 채원이도 리온이를 데리고 나와 함께 길을 나섰다.

"아, 맞다. 드론은 잘했어?"

"음, 잘 모르겠어. 다행히 친구가 도와줘서 어떻게 하기는 했는데 잘한 건 아닌 것 같아."

"일단 해본 것만으로도 잘한 거야."

소민 언니가 상냥하게 웃으며 말했다.

"그렇지만 다른 애들보다 나는 훨씬 느리고…. 아. 언니 그게 문제가 아니고…."

채원이는 무언가 떠올랐다는 듯 걸음을 멈추며 말했다.

"언니, 그게 잘 안 돼."

"뭐가?"

"그거 말이야. '나는 할 수 있는 사람이다.' 일단 생각만 한번 해보라고 한 거…. 근데 여전히 내가 할 수 있겠다는 생각이 안 들어. 그냥 계속 못 하는 것 같고 할 수 없을 것 같아."

시무룩한 채원이의 표정을 보며 소민 언니가 큰소리로 웃었다.

"하하하! 그게 쉽지 않은 게 당연한 거야. 어떻게 생각이 단번에 바뀔 수 있겠어?"

"그럼 어떻게 해?"

"중요한 건 그 일을 하기 전에 몇 번이든 계속 되뇌는 거야. '나는 이 책을 끝까지 읽을 수 있는 사람이다', '나는 하루에 줄넘기 100개를 거뜬히 뛸 수 있는 사람이다', '나는 피아노 악보 한 곡을 연습해서 칠 수 있는 사람이다.' 이런 생각을 의심이 들 때마다 몇 번이고 꺼내서 말하는 거야. 어느샌가 할 수 있다는 자세로 바뀌면 그때는 이런 생각을 억지로 되뇔 필요가 없어. 이미 잘하게 된 거거든. '아직' 잘 못 하는 때에는 '나는 …이다'라는 생각을 일부러 계속해야 하는 거야."

"아…."

채원이는 힘 빠진 듯 고개를 푹 숙였다.

"기운 내. 그리고 걱정하지 마. 나도 너랑 똑같으니까. 채원이 너 지난번에 나보고 홈스쿨링 하니까 공부 안 해도 되겠다고 말한 거 기억나?"

"응."

"근데 홈스쿨링 해도 공부도 하고 시험도 쳐야 해."

"왜?"

"내가 꼭 하고 싶은 일이 있거든."

"무슨 일?"

"수의사 겸 동물권운동가."

"와! 언니, 멋지다. 근데 그 일을 하려면 공부를 잘해야 하는 거지?"

"맞아. 그래서 검정고시도 준비해서 봤고, 학교에서 하는 교과 과정을 집에서 똑같이 하고 있어. 그러니까 나도 '나는 방정식 문제를 척척 풀 수 있는 사람이다', '나는 영어 듣기를 아주 잘하는 사람이다', '나는 오늘 풀어야 할 문제집 과제를 꼭 끝마칠 수 있는 사람이다' 하고 매일 생각하고 있단 말이야."

"그러면 도움이 돼?"

"처음엔 잘 몰랐는데 확실히 도움이 돼. '나는 …이다' 하는 생각을 하지 않았을 땐 쉽게 미루게 되고 포기했던 일들이 많았어. 그런데 그 생각을 되뇌면 집중을 하게 되고 조금이라도 더 노력하게 돼. 그런 과정이 쌓이면 어느샌가 그 일을 해내는 내 모습을 발견하게 되지."

"아, 그 일을 해내는 내 모습…."

채원이가 조금은 이해가 된다는 듯 고개를 끄덕이며 중얼거렸다.

"중요한 건 계속 생각하고 되뇌어 보는 거야."

채원이는 언니 말대로 해봐야겠다고 다짐하며 고개를 끄덕였다.

그렇게 소민 언니와 수다를 떨며 걷다 보니 어느새 동네 한 바퀴를 다 돌고 집 앞이었다. 논과 밭이 펼쳐진 꽤 큰 동네여서 다리가 뻐근해졌다.

* * *

며칠 후, 동아리 수업이 있는 날이 찾아왔다. 채원이는 머릿속으로 '나는 드론 코딩을 잘할 수 있는 사람이다'를 되뇌며 과학실 문을 열었다. 먼저 와 있던 가윤이가 얼른 오라며 채원이를 향해 손을 흔들었다. 오늘도 가윤이랑 같이 한다고 생각하니 수업에 대한 걱정이 조금은 사라지는 것 같았다.

채원이가 자리에 앉고 잠시 후 선생님이 조종기를 안아 들고 과학실로 들어왔다.

"그동안 코딩 실습만 하느라 조종기 연습을 한 지가 좀 오래됐지? 그래서 오늘 수업은 여러분이 선택해서 하자는 걸로 진행하려고 해. 자, 조종기 연습하고 코딩 실습 중에 무엇을 하고 싶니?"

"난 코딩이 좋은데…."

선생님의 말이 끝나기가 무섭게 가윤이가 말했다. 채원이는 조종기 연습이 너무 하고 싶었지만 가윤이와 수업을 듣는 것도 좋았기 때문에 선뜻 대답하지 못하고 머뭇거렸다. 그런데 그때 앞자리에 앉아 있던 우진이가 고개를 돌리더니 말했다.

"야, 오채원은 코딩을 잘 못 하잖아. 그럼 너희 오늘은 같이 못 하겠네!"

그때였다. '나는 드론 코딩을 잘할 수 있는 사람이다.' 갑자기 채원이의 머릿속에서 그 말이 울려 퍼졌다. 그리고 곧장 가윤이에게 말했다.

"가윤아, 우리 같이 코딩하자. 나도 연습 더 해야 하고, 혼자 하는 것보다 너랑 같이하는 게 더 재미있어."

"정말? 진짜 잘 됐다!"

고민하던 가윤이도 다행이라는 듯 환하게 웃었다.

채원이는 오늘도 가윤이와 머리를 맞대고 태블릿 PC 화면을 보며 코딩을 짜고 드론을 띄웠다. 그리고 지난번보다 조금 더 능숙하게 이륙과 착륙 그리고 제자리 비행까지 해냈다.

"와, 정말 잘해! 채원아, 이제 너 장애물 통과도 할 수 있겠다."

가윤이가 제자리 비행을 하는 채원이의 드론을 보며 신이 나서 말했다.

* * *

토요일 아침, 채원이는 일찍부터 일어나 씻고 밥 먹고 방 정리를 한 후 언니들을 맞이할 준비를 했다.

"세상에, 채원아. 갑자기 왜 이렇게 부지런해졌니?"

집안을 분주하게 오고 가는 채원이를 보며 엄마가 고개를 절레절레 저었다. 모든 준비를 마치고 거실 소파에 앉아 있을 때, 초인종 소리가 울렸다.

"언니들이다!"

채원이가 재빨리 일어나 대문을 열어주었다.

"기다렸어? 엄청 빨리 나왔네."

2주 만에 만난 경민 언니가 채원이의 머리를 쓰다듬으며 말했다. 방으로 들어온 채원이는 언니들이 자리에 앉기도 전에 이번 주 동아리 시간에 있었던 일을 신나게 떠들기 시작했다.

"정말 깜짝 놀랐어. 나도 모르게 '나는 드론 코딩을 잘할 수 있는 사람이다'라는 생각이 딱 떠오르더라니까?"

"와! 그래서 코딩을 선택한 그날 도전은 성공적이었던 거야?"

경민 언니의 질문에 채원이는 수줍게 고개를 끄덕였다.

"응. 저번 수업 때 했던 비행보다 조금 더…? 아무튼 살짝 더 잘되기는 했어. 그래도 아직 더 많이 연습해야 돼. 높이랑 거리를 가늠하고 숫자를 잘 입력해야 장애물을 통과하는 비행도 할 수 있거든."

"그거야 물론 잘하게 될 거야. 왜냐하면…."

경민 언니의 말에 소민 언니가 재빨리 말을 이어 붙였다.

"너는 드론 코딩을 잘할 수 있는 사람이니까!"

"어쨌든 이제 할 수 있다는 생각을 이루게 된 걸 축하해. 정말 뜻깊은 첫걸음을 뗐으니 언니가 이따가 맛있는 치킨 쏜다!"

경민 언니의 말에 소민 언니가 손뼉을 치며 좋아했다.

"그런데 있잖아. 나 궁금한 게 하나 있어…."

채원이가 진지한 눈빛으로 말을 꺼내자 두 언니는 채원이를 빤히 쳐다보았다.

"왜 이런 과외를 하기로 한 거야?"

"그게 이제야 궁금해진 거야? 그동안 몇 번이나 만났는데?"

소민 언니가 어깨를 들썩이며 말했다.

"우리가 과외 수업을 하는 이유는 사실 특별한 건 없어. 네 모습이 예전 나의 모습이기도 하고, 소민이의 모습이기도 하니까. 그래서 그냥 채원이의 마음도 들어보고 언니들의 이야기도 해주고 싶었어."

경민 언니의 말을 듣더니 소민 언니가 고개를 저으며 말했다.

"'그냥'은 아니지. 경민 언니는 예전부터 다른 사람들을 보면서 저 사람은 왜 그런 생각을 하고, 왜 저런 행동을 하는 거지 하면서 궁금해 하고 무언가를 꼭 해주고 싶어 했어. 그러니까 한마디로 오지랖이 넓다는 거지. 나한테서 네 얘기를 듣고 채원이 너를 처음 만난 날 '아,

저 옆집 꼬맹이가 내 동생이랑 아주 비슷한 아이로구나.' 하는 생각이 들었던 거야. 그래서 나한테 도움이 되었던 방법이 혹시 네게도 도움이 될 수 있을까 싶어서 그런 거…. 아니야?"

소민 언니가 말끝을 흐리며 경민 언니를 흘끗 쳐다보았다.

"처음엔 그 이유가 맞지. 그런데 아까 내가 한 말도 사실이야. 꼭 너희들 때문인 게 아니라 정말 예전 내 모습과 비슷해서 마음이 쓰였지. 소민이 네가 워낙 어렸을 때라서 잘 몰랐겠지만 언니도 학교에 가서 친구들과 지내는 게 마냥 즐겁지 않았던 때가 있었거든."

"진짜? 이건 정말 처음 듣는 얘기야."

소민 언니가 입을 틀어막았다.

"그래서 내가 너무 힘들었던 일을 너희는 조금 덜 고생하고 조금 더 쉽게 이겨내기를 바랐어. 처음 우리가 만난 날을 생각해 봐. 채원이는 이미 너무 울어서 눈이 퉁퉁 잔뜩 부어 있었고, 소민이 너는 또 그 자리에서 펑펑 눈물을 쏟아내고 있는데. 언니가 어떻게 그걸 그냥 넘어갈 수가 있었겠니?"

조용히 듣고 있던 채원이가 다시 물었다.

"그럼 언니가 그동안 알려준 것들은 다 어떻게 해서 알게 된 거야?"

"공부했지. 책도 읽고 청소년 교육 영상이나 강의도 들어보고…."

"그럼 소민 언니는 언니가 알려준 대로 해내서 이젠 뭐든 잘하는 거야?"

"어휴, 그럴 리가!"

경민 언니가 절대 그렇지 않다는 듯 손사래를 쳤고 소민 언니는 그런 경민 언니를 슬쩍 째려보았다.

"소민이 얘는 진짜 내 말 엄청 안 들었어. 백 번은 말해야 겨우 한 번 정도 하는 시늉을 하더라고. 그래도 뭐, 요즘은 스스로 잘하게 됐으니까 내가 부하로 삼았지. 소민이에 비하면 채원이는 정말 훌륭한 제자라니까."

그 말에 채원이의 얼굴에 자신감이 묻어나기 시작했다. 그때 엄마가 따끈한 빵과 음료수를 챙겨서 방으로 들어왔다.

"벌써 시간이 다 됐네. 간식 좀 먹고 가렴. 아, 경민이는 내일 또 올 거지?"

"그럼요. 과외비는 꼭 받아야죠."

"과외비?"

채원이가 경민 언니와 엄마를 번갈아 쳐다보았다.

"응. 과외선생님을 맡기로 하고 아주머니한테 빵 굽는 걸 공짜로 배우기로 했지! 아, 벌써 설렌다."

경민 언니가 행복한 표정으로 빵 냄새를 맡으며 말했다. 엄마는 빙그레 웃으며 방을 나갔다.

내가 어른이 되면 어떤 일을 하고 있을까?

- 내가 어른이 됐을 때 정말 하고 싶은 일이 무엇인지 즐겁게 상상해봤나요? 그럼 이제 지금의 내가 꿈꾸고 바라는 직업을 가진 '미래의 나'가 되어 자신을 소개해봅시다.

  > 예) '나는 사람들이 여행도 가고 건물도 짓고 이사도 가서 살 수 있는 제2의 지구를 조사하고 연구하는 우주과학자입니다.'
  > '나는 아픈 동물들이 얼마나 아픈지 알아보는 방법을 만든 수의사입니다.'

나는 .... 입니다.

- 내가 소개한 '미래의 나'를 직접 그림으로 그려봅시다. 그림을 그린 후, 부모님이나 선생님, 친구들에게 보여주고 미래의 나의 이야기를 들려주세요.

오늘의 몰입 한 줄 ★★★

세상에서 가장 짧지만 마법 같은 힘을 가진 2개 단어의 영어 표현이 있습니다. 바로 'I am'이에요. **지금 바로 내가 되고 싶은 것, 내가 하고 싶은 것을 떠올리고 '나는 …이다'라고 소리내어 말해보세요!**

 내가 드론을 좋아하게 된 이유

"그런데 채원아, 넌 꿈이 뭐니?"

경민 언니가 빵을 입에 넣으며 채원이에게 물었다.

"나?"

채원이는 아무 말을 하지 못했고, 언니들은 가만히 채원이의 대답을 기다렸다.

"생각해 본 적이 없는데. 내가 뭘 할 수 있을지 몰라서…."

잠시 고민하던 채원이는 기어들어가는 목소리로 말꼬리를 흐렸다.

"부럽다!"

"부럽다고?"

채원이가 눈을 동그랗게 뜨고 경민 언니를 바라보았다.

"응. 채원아, 지금 네가 뭘 할 수 있을지 모르겠다는 말은 반대로 무슨 일이든 할 수 있고, 무엇이든 될 수 있다는 의미야."

그 말이 여전히 무슨 뜻인지 모르겠다는 듯 채원이는 멍한 표정을 보였다.

"비유를 하자면 겨울에 첫눈이 펑펑 오잖아. 그러면 세상이 온통 하얗게 눈으로 뒤덮이지? 지금 너의 가능성이 바로 그 눈밭 같은 거야."

"눈밭이라고…?"

"응. 하얀 눈이 쌓여 끝없이 드넓게 펼쳐진, 발자국 하나 없는 눈밭 말이야. 그런 눈밭을 보면 가장 먼저 무엇부터 하고 싶을 것 같아?"

"음, 만져보고 싶고 밟아보고도 싶고…."

"그치? 그렇게 완전히 깨끗한 눈밭에서는 어느 곳을 향해 어디든 네가 마음먹은 대로 너만의 발자국을 만들며 걸어가면 돼. 그래서 언니는 채원이가 부러운 거지."

"그럼 언니는 안 그래?"

"언니는 이미 눈밭에 발자국을 무수히 많이 찍었는걸. 이제 하얀 눈밭 위에 새롭게 발자국을 찍을 수 있는 곳이 많지 않다는 뜻이야. 그리고 얘는…."

경민 언니가 빵을 먹고 있는 소민 언니를 가리켰다.

"이제 한두 발자국 정도 찍은 것 같아. 얼마 전에 동물권 단체에 가입하기도 실천하고 요즘은 공부도 예전보다 훨씬 열심히 하거든. 그래도 소민이도 아직 눈밭 어디든 향해 발자국을 찍으며 갈 수 있지."

경민 언니의 이야기를 들으며 소민 언니는 고개를 끄덕였다.

"근데 채원이 네 눈앞에는 완전히 깨끗한 눈밭이 있는 거야. 지금 생각해보면 너처럼 '나는 앞으로 어떤 사람이 될까?' 하는 상상을 마음껏 할 수 있었던 때가 가장 즐겁고 행복했던 것 같아. 아무 데나 한 발자국 쿡 밟아도 아직 갈 수 있는 곳이 무궁무진하잖아."

채원이는 그제야 '무슨 일이든 할 수 있고, 무엇이든 될 수 있다'는 의미를 깨달았다.

"아, 그러고 보니 채원이 넌 드론을 왜 좋아하게 된 거야? 그 얘기를 한 번도 못 들어본 것 같아."

소민 언니가 진지한 표정으로 채원이에게 물었다.

"응. 내가 초등학교 3학년 때 가족 여행을 가서 패러글라이딩 체험을 했었어. 출발하기 전까지는 무서워서 조금 떨었는데 발을 떼고 딱 날아가는 순간부터 너무 재미있더라고! 하늘 위에서 내려다보는 넓은 풍경이 정말 멋있는 거야."

"와, 난 생각만 해도 손발이 떨린다."

경민 언니가 몸을 부르르 떨었다.

"그리고 나서 얼마 뒤에 그때 내가 봤던 풍경하고 비슷한 장면이 텔레비전에 나오는 거야! 그래서 멍하니 보고 있는데 옆에 있던 아빠

가 드론으로 찍은 거라고 이야기해줬어. 그때부터 드론에 관심이 생기고 꼭 한번 배우고 싶다는 생각을 하게 된 거야. 드론에 관한 기사나 드론 퍼포먼스 영상도 많이 찾아봤고⋯."

언니들은 마치 약속이라도 한 듯 동시에 고개를 끄덕였다. 그러다 소민 언니가 무언가 생각난 듯 말했다.

"채원아, 네 얘기를 듣고 생각난 건데 내가 평소에 숲에서 사는 야생동물들이 어떻게 지내는지 꼭 관찰해보고 싶었거든. 그런데 드론만 있으면 사람들이 들어가기 힘든 깊은 숲속까지 구석구석 다 들여다보고 촬영도 할 수 있겠다. 엄청 편하고 좋을 것 같아!"

그러자 이번에는 경민 언니가 고개를 끄덕이며 말했다.

"맞아. 그뿐만 아니라 요즘 유적을 발굴할 때도 드론을 많이 쓴다고 들었어. 사람들이 직접 가기에는 위험한 곳에 있는 유적을 드론으로 촬영하며 살펴보는 경우도 많아."

"어? 난 옛날 유물은 다 땅속에만 있는 줄 알았는데…."

채원이의 말에 경민 언니가 크게 웃었다.

"하하하! 그래서 어떤 사람들은 고고미술사학을 붓으로 땅을 파는 일이라고도 하지. 그런데 경주의 남산이나 울산의 반구대 암각화처럼 사람이 가기 쉽지 않은 산속이나 큰 강물 건너에 있는 유적도 아주 많아. 그런 곳에는 사람이 직접 가는 대신 드론을 띄우면 위험한 사고가 날 일도 없고, 보기 힘든 부분도 다 살펴볼 수 있고, 무엇보다 유적을 훼손하는 일도 없을 거야. 여러 가지로 좋은 점이 많겠지?"

"우와!"

채원이의 입에서 탄성이 저절로 터져 나왔다. 언니들의 이야기를 들으니 언젠가 드론을 잘 조종할 수 있게 되면 할 수 있는 일도, 하고 싶은 일도 더 많아질 것 같았다.

하지만 마음 한구석에서 걱정부터 앞섰다.

"근데 그런 일을 하려면 일단 공부를 잘해야겠네…. 그래야 대학교에 가서 복잡하고 어려운 드론 조종도 전문적으로 배우고 잘할 수 있게 될 테니까."

시무룩한 채원이의 표정을 보며 소민 언니가 어깨를 두드렸다.

"에이, 걱정하지 마. 내가 도와줄게."

"아이고. 한소민 씨, 자기 일부터 잘하시고요. 채원이는 도와줄 사람이 주변에 많으니까 걱정하지 말고. 오케이?"

채원이의 힘없이 웃는 얼굴에 경민 언니가 일어서며 말했다.

"자, 오늘 과외는 여기까지 하고 얼른 치킨이나 먹으러 가자."

"와아!"

빵 하나를 집어들었던 소민 언니가 다시 내려놓고는 자리에서 벌떡 일어나 환호를 했다. 경민 언니는 그런 소민 언니를 보며 고개를 절레절레 저었고 그 모습에 채원이는 비로소 활짝 웃을 수 있었다.

* * *

오늘은 체육관에서 동아리 수업을 하는 날이었다. 장소가 체육관이라는 것은 코딩 수업이 아니라 조종기로 드론을 띄우는 실습을 한다는 의미였다. 어제 선생님으로부터 체육관으로 오라는 연락을 받은 후부터 채원이의 마음은 잔뜩 들떠 있었다.

"얘들아, 조종기 연습은 오랜만이지?"

선생님이 아이들에게 조종기를 나누어 주며 말했다.

"오늘은 벽으로 날리지 말고, 떨어뜨리지 말고 잘해보자!"

"네!"

아이들의 우렁찬 대답에 선생님이 환하게 웃으며 체육관의 한 가운데를 가리켰다. 그곳에 서너 개의 기다란 옷걸이 봉이 띄엄띄엄 놓여 있었고 그 사이로 드론이 날아가는 길과 그 길 끝에 착륙장이 표시되어 있었다. 그리고 이륙장 위치에는 다섯 개의 드론이 놓여 있었다.

"자, 저기 이륙장에서 드론을 띄운 후에 장애물, 그러니까 저 옷걸이 봉들을 잘 피해서 비행하게 하고 마지막으로 착륙장에 잘 도착하도록 조종해보자."

아이들은 비장한 표정으로 장애물들을 쳐다보았다.

"좋아. 그럼 시작하자."

이륙장으로 달려간 아이들은 자신의 드론을 확인하고 하나둘씩 띄우기 시작했다.

윙, 윙, 윙.

준성이와 민아에 이어 채원이가 세 번째로 드론을 띄웠다. 그리고 천천히 조종기의 스틱을 움직였다.

"어?"

"안돼!"

드론을 띄운 지 얼마 되지 않아 바로 우진이의 드론이 옷걸이 봉에 부딪혔고 민아가 조종하는 드론도 길을 잃고 2층 관객석을 향해 날아가 버렸다. 가윤이의 드론도 길을 완전히 벗어나더니 체육관 무대 뒤쪽 벽을 향해 날아가 부딪쳐 떨어졌다. 그 사이 준성이와 채원이의 드론이 차례로 착륙장에 도착했고 다른 아이들은 제각기 떨어진 자신의 드론을 챙기느라 정신이 없었다.

"흠, 오늘도 역시 전쟁이군."

선생님이 고개를 절레절레 저으며 짝짝짝 손뼉을 쳤다.

"얘들아, 아무래도 연습이 더 많이 필요한 것 같지?"

"네…."

아이들이 힘없는 목소리로 대답했다.

"자, 오늘 끝날 때까지 여러분 모두 비행에 성공하면 선생님이 떡볶이를 쏠게!"

"우와!"

"그러니까 열심히 연습해 보자. 아, 맞다!"

선생님이 채원이와 준성이를 쳐다보며 말을 이었다.

"혹시 너희 중에 채원이랑 준성이가 어

떻게 조종하는지 본 사람 있니?"

아이들은 고개를 저었다.

"드론이 이륙하는 순간부터 단 한 번도 눈을 떼지 않았어. 그리고 말 한마디 하지 않고 숨을 죽인 채 드론 조종에 완전히 집중해 있더라. 침착하게 끝까지 비행을 잘 해내겠다는 마음이 눈빛에서 느껴질 정도였어. 그러니까 다른 친구들도 드론의 움직임 하나하나에 집중해서 오늘 비행에 성공하도록 하자."

"네!"

대답하자마자 가윤이가 채원이의 옆으로 바짝 다가서며 말했다.

"채원아, 나 좀 도와줘. 오늘 꼭 성공하고 싶단 말이야!"

그 말에 채원이가 웃으며 고개를 끄덕였다.

어느덧 동아리 시간이 끝이 났다.

"자, 여러분. 제멋대로 날아다니는 드론을 쫓느라 고생 많았어. 물론 드론이 혼자 제멋대로 돌아다닌 건 아니고 너희 두 손이 그렇게 만들기는 했지만 말이야. 어쨌든 더 많이 연습해야 한다는 것은 모두 느꼈을 테고…."

볼이 살짝 상기된 채 아이들 모두 고개를 크게 끄덕였다.

"그럼 각자 반으로 돌아가서 종례 잘 마치고 교문 앞에서 만납시다. 모두 한 번씩은 성공했으니까 약속한 대로 떡볶이 먹어야지!"

"와!"

"부모님들 걱정하실지 모르니까 먹고 간다고 연락드리는 것 잊지 말고!"

"네!"

아이들은 체육관이 떠나가라 큰소리로 대답했다.

채원이는 오늘 이륙부터 장애물 통과, 착륙까지 무려 네 번이나 비행에 성공했다. 아마 중간중간 다른 친구들을 돕느라 시간을 쓰지 않았다면 그보다 더 많이 해낼 수 있었을 것이다.

"채원아, 넌 분명 재능이 있는 것 같아! 난 조종기는 정말 어렵던데…."

"맞아. 조종하는 건 채원이가 우리 중에 제일 잘할 거야."

"오늘 떡볶이도 채원이 덕에 먹는 거지, 뭐. 채원이가 도와주지 않았으면 우리 다 실패했을걸?"

떡볶이를 먹으며 민아와 가윤이는 계속해서 채원이에게 칭찬을 늘어놓았다. 좀 쑥스러웠지만 싫지는 않았다.

* * *

"어? 오늘은 좀 늦었네?"

노을이 지는 하늘을 보며 기분 좋게 집으로 돌아오는 길에 강아지들을 산책을 시키던 소민 언니와 마주쳤다. 채원이는 마치 기다렸다는 듯 언니에게 오늘 동아리에서 있었던 일을 신나게 떠들었다.

"와, 내가 본 중에 제일 시끄러운 오채원이다."

소민 언니가 미간을 찌푸리며 웃었다.

"정말 하루하루가 오늘 같은 일만 있으면 좋겠어. 엄청 기분 좋아!"

"그래, 너라도 좋으니 다행이다. 사실 내 기분은 좀 별로거든."

"왜? 무슨 일 있어, 언니?"

채원이가 깜짝 놀라 물었다.

"아까 얘들이랑 산책가는 길에 사냥꾼 아저씨들이랑 마주쳤어."

"사냥꾼? 동화에서 나오는 그 사냥꾼?"

"아, 동물을 잡는다는 건 비슷하긴 하지. 그런데 요즘 사냥꾼 아저씨들은 아무 동물이나 잡을 수 있는 건 아니야. 마을 군청에서 허가를 받은 후에 사람들에게 위험하거나 농작물에 피해를 주는 동물들을 잡아."

"그럼… 좋은 분들인 거 아니야? 아까도 동물을 잡았어?"

"응, 멧돼지."

"헉! 여기 멧돼지가 살아?"

채원이가 깜짝 놀라 걸음을 멈추며 물었다. 소민 언니는 아무렇지도 않게 고개를 끄덕였다.

"멧돼지뿐 아니라 고라니, 노루, 토끼도 있어. 다 저기 뒷산에서 살고 있지."

"그럼, 사람한테 달려들어서 막 물고 그러지 않아?"

"맞아. 사람도 물고, 농사지은 농작물도 다 뜯어먹어."

"근데 언니 기분은 왜 안 좋은 거야?"

"채원아, 한번 생각해 봐. 우리가 사는 이 마을은 누구의 것일까?"

채원이는 질문을 잘 이해하지 못하겠다는 얼굴로 멍하니 서 있었다.

"여기 이곳 말이야, 옛날부터 살았던 주인이 누구였을 것 같아? 난 아무리 생각해도 저기서 사는 동물들한테는 아무 잘못이 없는 것 같거든."

채원이는 여전히 의아한 얼굴로 고개를 갸웃거렸다.

"저 동물들은 아주 오래전부터 여기서 살던 아이들이야. 우리보다 훨씬 더 옛날부터 이곳에서 살아왔을 거라고…. 그런데 어느 날 갑자기 사람들이 찾아와서 집을 만들더니 농사짓고 살게 된 거지."

채원이는 언니의 말이 무슨 뜻인지 조금씩 이해가 됐다.

"멧돼지가 사람들한테 달려들어서 물기도 하지만 사실 사람이라는 걸 알고 쫓아다니면서 무는 게 아니잖아. 또 멧돼지는 원래 초식을 해서 큰 동물을 일부러 공격하지는 않아. 사람을 마주치면 그냥 자신을 위협하는 무서운 동물이라고 생각해서 공격하는 거지."

채원이는 고개를 끄덕였다. 언니의 말도 일리가 있는 것 같았다.

"그리고 농작물을 먹는 것도 마찬가지야. 야생동물들은 배가 고프면 습성대로 먹을 것을 찾다가 보이는 걸 먹을 뿐이야. 그게 사람이 농사를 지어서 키운 농작물인지, 산에서 자라는 나무 열매나 뿌리인지 모르고 그냥 있으니까 먹는 거지."

"그렇네…."

"그런데 사람들은 이런 건 상관없이 야생동물들이 무조건 위험하다고 잡으려고 해. 동물들한테는 너무 억울한 일 아닐까? 태어나고 자라난 곳에서 자연스럽게 살고, 먹고 있었는데 어느 날 사람들이 마음대로 쳐들어와서 쫓아다니며 잡고 죽이려고 한다니. 휴…."

소민 언니는 한숨을 길게 내쉬었다. 그런데 언니의 이야기를 듣던 채원이가 잠시 무슨 생각을 하고는 말문을 열었다.

"언니, 동물들을 그대로 놔두면 또 사람들이 언제 마주치고 다칠지 모르니 너무 무섭지 않을까?"

언니는 힘없이 고개를 끄덕이며 말했다.

"그래, 그것도 맞는 말이지. 우리도 안전하고 편하게 살아야 하니까…. 하지만 무조건 동물들을 잡거나 죽이는 것 말고 방법이 없는 걸까? 아, 모르겠어."

그렇게 소민 언니와 이야기를 하며 걷다 보니 어느새 집 앞에 도착해 있었다.

"언니 얘기를 들으니까 나도 고민된다."

심각해진 채원이의 표정에 언니가 크게 웃으며 말했다.

"아니야, 소민아. 너까지 고민하지 않아도 돼. 괜히 나 때문에 좋은 기분 다 망쳤겠다!"

"아니, 그런 건 아닌데…."

채원이가 말꼬리를 흐리자 언니가 채원이의 등을 다독이며 말했다.

"오늘 칭찬 많이 들은 일, 정말 축하해! 내가 경민 언니랑 우리 가족한테도 꼭 소문낼게."

소민 언니는 손을 흔들며 강아지들에게 끌려서 대문 안으로 쏙 빨려 들어갔다.

 **몰입의 힘 키우기 6**

꿈을 이루게 하는 마법의 공식 'SMART'!

- 내가 되고 싶은 것, 내가 하고 싶은 일이 있다면 언젠가 그 꿈을 어떻게 이룰 것인가가 중요하지요. 나의 꿈을 이루게 하는 마법의 공식이 있습니다. 바로 'SMART'예요! 자, 다음의 주어진 과제를 따라서 하나하나 내용을 채워봅시다.

나의 목표: .... 예 책 많이 읽기

Specific(구체적으로): 나의 목표를 훨씬 더 구체적으로 만든다.

.... 예 1년에 60권 읽기

Measurable(계산할 수 있게): 나의 목표까지 얼만큼 달성했는지 계산해본다.

.... 예 독서스티커(60개), 계획표 준비

Actionable(실천할 수 있게): 목표를 어떻게 실천할 수 있을지 계획을 짠다.

.... 예 한 달에 5권, 일주일에 1권 읽기

Realistic(현실적으로): 내가 현실적으로 이룰 수 있는 목표인지 확인한다.

.... 예 쉽고 재밌는 책부터 읽는다

Time-based(시간을 기준으로): 언제까지 목표를 달성할 것인지 정한다.

.... 예 올해 12월 31일까지!

> **오늘의 몰입 한 줄 ★★★**

내가 정말 하고 싶은 일이 있다면 어떻게 해낼 수 있을지 열심히 고민해보세요!
내가 고민한 만큼 꿈이 현실이 될 가능성은 2, 3배 더 커집니다.

 # 걱정이 너무 많은 채원이

동아리 시간이 다가왔다. 채원이는 민아와 함께 교실을 나서서 운동장으로 향했다. 어제저녁 선생님이 아이들에게 수업 장소는 운동장이라고 단체 문자 메시지를 보내왔다.

"그런데 왜 운동장이지? 설마 운동장에서 드론을 날리는 건가?"

민아가 채원이의 곁에 바짝 붙어 걸으며 물었다. 정말 민아의 말처럼 운동장에서 드론 비행을 한다면 정말 재밌을 것 같아 채원이의 마음이 두근거리기 시작했다.

"얘들아, 이쪽이야!"

운동장 단상 위에서 이지민 선생님이 손을 흔들며 아이들을 불렀다. 가까이 다가가니 그곳에 조종기가 쌓여 있었고 운동장에는 착륙장 표시와 함께 다섯 개의 드론이 나란히 놓여 있었다.

"와!"

채원이의 입에서 저도 모르게 탄성이 터져 나왔다.

잠시 후 아이들이 모두 모이자 선생님은 조종기를 하나씩 나누어 주었다.

"너희들, 잘 할 수 있지?"

"네!"

"드론을 땅에 떨어뜨리거나 나무나 벽에 부딪히게 하는 건 어쩔 수 없는데 운동장 밖으로 날려서 유진이 집 마당이나 성민이 할머니네 논에 떨어뜨리진 말자!"

선생님의 말에 아이들은 웃음을 터뜨렸다.

"어? 웃을 일이 아니야, 얘들아. 유진이네 마당에 엄청 크고 무서운 개가 있는 거 알지? 성민이 할머니도 엄청 무서우셔서 벼 이삭 하나라도 떨어지면 큰일 난단 말이야. 그러니 오늘은 평소보다 더 집중해서 조종하도록!"

"네!"

아이들은 우렁차게 대답했다.

"자, 제일 먼저 할 일은 드론이 이륙한 후 미끄럼틀까지 쭉 날아가서 그 위에서 제자리 비행을 약 1분 정도 한 다음에 다시 착륙장으로 돌아오게 하는 거야. 그럼 지금부터 시작!"

선생님의 말씀이 끝나자 운동장에 있던 드론들이 하나둘 윙 하는 소리를 내며 움직이기 시작했다. 제일 먼저 준성이의 드론이 이륙하고 뒤이어 채원이의 드론도 떠올랐다.

 채원이는 숨 쉬는 것도 조심히 하며 모든 신경을 조종기와 드론의 움직임에 집중시켰다. 사방이 뻥 뚫린 운동장에서 하는 비행이라 더 신이 나기도 했지만 그만큼 더 조심스럽기도 했다. 그래서였을까? 다섯 개의 드론 중에 두 번째로 출발했지만 도착 순서는 네 번째였다. 조금 아쉬운 결과였다.

 "이제 선생님이 직접 다니면서 드론이 비행해야 하는 길을 보여줄게. 잘 보렴!"

 이륙장을 뛰어서 출발한 선생님은 미끄럼틀을 한 바퀴 돌고 정글짐에서 잠깐 멈춰선 뒤 다시 미끄럼틀을 한 번 빙 돈 후 뛰어 돌아왔다. 운동장이 제법 넓은 탓에 있는 힘껏 뛰어도 한참 걸렸다.

 "헉헉! 자, 봤지?"

 선생님은 거친 숨을 몰아쉬며 아이들에게 물었다.

 "네."

 아이들은 터져 나오려는 웃음을 참으며 대답했다.

 "헉헉…. 기억할 건 미끄럼틀은 장애물 역할을 하는 거니까 미끄럼틀보다 더 높이 비행하면 안 돼. 그다음에 정글짐 위에서 제자리 비행을 하고 다시 미끄럼틀을 끼고 돌아 날아와서 착륙하는 거야."

"네."

"그럼 시작!"

다시 다섯 개의 드론 날개가 움직이고 이번에는 우진이의 드론이 가장 먼저 떠올랐다. 이번에 채원이는 세 번째로 드론을 띄웠다. 또다시 온몸의 신경을 드론에만 집중시킨 채원이는 선생님의 동선을 떠올리며 그 길을 잘 따라 날아가도록 천천히 조종했다. 그리고 착륙장에 도착했을 때도 세 번째로 착륙했다.

"너, 정말 잘한다."

맨 마지막으로 드론을 착륙시킨 가윤이가 채원이를 향해 웃으며 말했다.

"근데 속도가 너무 느려."

채원이는 못마땅한 얼굴로 고개를 저었다.

"자, 모두 잘했어! 살짝 부딪치고 조금 헤매기도 했지만 다행히 드론이 운동장 밖으로 날아간 사람은 없잖아?"

선생님의 말에 아이들이 웃음을 터뜨렸다.

"오늘 해본 두 번의 비행에서 모두 준성이가 1등으로 도착했어. 모두 박수를 보내주자!"

아이들은 조종기를 옆구리에 낀 채 손뼉을 쳤다.

"그리고 하나 더, 여러분이 꼭 알아야 하는 사실이 있어. 속도도 중요하지만 동시에 안정적으로 비행하는 것도 중요해. 드론의 몸체가 너무 흔들리지 않고 잘 날아가서 정확한 지점에서 정해진 시간만큼 제자리 비행을 하고 또 흔들림 없이 안정적으로 날아와 착륙해야 한다는 거지. 이걸 가장 잘해준 친구는 채원이였어."

금방 박수를 받은 준성이는 무언가 억울한 표정을 지었고 가윤이와 민아가 채원이를 향해 엄지손가락을 치켜세웠다.

"그렇지만 오늘 여러분 모두 최고였어. 다음번에는 속도와 안정적인 비행, 두 가지를 다 잘할 수 있도록 연습해 보자. 알았지?"

"네!"

기대보다 조금 낮은 등수에 기분이 조금 우울해졌던 채원이는 선생님의 칭찬과 친구들의 응원을 받으며 수업을 마치게 되어 다행이라는 생각이 들었다.

* * *

과외가 있는 토요일 오전, 늦잠을 잔 채원이는 급하게 씻고 나와 방을 청소했다. 잠시 후 초인종 소리와 함께 주원이가 문을 열어주러 달려나간 후, 두 언니의 재잘대는 목소리가 들려왔다. 채원이는 책상 위를 대충 치우고 나가 보았다.

"저, 숙제해왔어요!"

경민 언니가 빵이 담긴 바구니를 식탁 위에 올려놓으며 말했다. 지난 일요일, 채원이의 엄마에게 배운 레시피로 빵을 만들어 온 것이었다.

"그런데 아무리 해봐도 아주머니가 만든 빵하고 똑같은 맛이 안 나요. 분명히 레시피대로 잘 따라서 만든 것 같은데…."

언니가 만든 빵을 한 입 뜯어서 맛을 본 엄마는 고개를 끄덕였다.

"반죽을 발효하는 시간이 좀 짧았던 것 같아. 맛은 좋은데 식감이 살짝 단단하네."

"아, 제가 성격이 좀 급해서 시간을 충분히 못 기다렸나 봐요."

"그래도 처음에 이 정도면 정말 잘 만든 거야. 난 아예 먹지도 못하는 빵을 만들었거든."

"역시…. 시간과 연습이 해결해주는 문제군요. 언젠가 저도 맛있는 빵을 능숙하게 척척 만들게 되겠죠?"

"그럼, 당연하지. 계속 열심히 하다 보면 빵 그림만 봐도 처음부터 끝까지 만드는 과정이 쭉 떠오를걸? 그나저나 오늘 과외는 뭘 하기로 했니?"

"그건 비밀이죠."

경민 언니는 집게손가락을 세워 입술에 갖다 대더니 이내 웃으며 채원이와 소민 언니의 각 한쪽 팔에 팔짱을 끼고 방으로 향했다.

"그럼 얼른 과외를 시작하자!"

방으로 들어온 언니들은 늘 그랬듯 책상 의자와 침대에 앉았다.

"채원아, 얼마 전에 학교에서 엄청 칭찬받았다며? 소민이가 마치 자기 일인 것처럼 신나서 떠들던데?"

경민 언니의 말에 채원이가 쑥스럽게 웃었다.

"드론 코딩은 어때? 아직도 어렵고 하기 싫어?"

"음…. 아직 어렵긴 한데 하기 싫은 정도까지는 아니야."

"그럼 이제 가장 어려운 단계로 넘어가야겠군."

"가장 어려운 단계? 난 지금도 어려운데?"

채원이의 말에 경민 언니는 고개를 저으며 물었다.

"채원아, 너 한글도 잘 읽고 구구단도 척척 외우지?"

"응, 당연하지."

"그래. 근데 처음부터 잘하는 건 아니었잖아."

채원이는 그 말을 곰곰이 생각한 후 고개를 끄덕였다.

"맨 처음에는 한글이나 구구단이 무엇인지도 몰랐고, 배우기 시작할 때는 자음과 모음, 단어를 하나씩 익히고 숫자와 구구단을 일일이 외우는 게 전혀 쉽지 않았을 거야."

"맞아."

"그렇지만 꼭 배워야 하는 거니까 열심히 했겠지? 몇 번씩 반복해서 써보고 외우면서…. 그렇게 하다 보니 이제는 기본적인 한글이나 구구단 문제는 거뜬히 해내는 단계가 되었어."

채원이는 연신 고개를 끄덕였다.

"지금 너의 상황도 이제 막 배우기 시작한 드론 코딩이 쉽지 않다는 걸 깨닫고 연습하기 시작한 단계가 아닐까?"

"맞아."

"이제 다음 단계는 이해하고 잘할 수 있을 때까지 몇 번이고 반복해서 연습해 보는 과정인 거지. 그런데 이게 가장 어렵거든. 한두 번 해본다고 갑자기 쉬워지는 것도 아니고 결과나 성적이 순식간에 좋아지는 게 아니니까 힘들고, 답답하고, 막막하기만 할 거야."

"맞아. 좀 막막해. 내가 결국 잘할 수 있을지 자신감도 안 생기고…."

채원이가 입을 쭉 빼물며 말했다.

"그런데 채원이 네가 처음 한글을 배우거나 구구단을 외울 때도 그랬잖아. 지금처럼 네가 이렇게 잘할 수 있을지 알 수 없었지."

"솔직히 한글은 너무 어렸을 때 배워서 잘 몰랐는데 구구단을 외우는 일은 정말 그랬어. 5단, 6단… 점점 넘어갈수록 '도대체 이 많은 숫자를 어떻게 다 외우지?' 이런 생각만 들었어."

"그런데 결국 해냈잖아."

경민 언니의 말을 듣고 돌이켜 생각해보니 정말 그랬다. 구구단을 한 단계씩 외울수록 숫자가 헷갈리고 답도 금방 생각나지 않아서 너무 어렵고 끝까지 다 외울 수 있을지 막막했는데 이제는 구구단 정도는 자다 깨서 외워도 척척 답할 수 있게 되었으니까….

"한 번도 그렇게 생각해 본 적 없었어."

"언니도 그래. 근데 이번에 빵을 굽다가 문득 이런 생각을 하게 된 거야."

"빵을 굽다가?"

"응. 너희 엄마가 빵을 만들 때 보면 재료 개량이나 반죽도 자동으로 척척 하시고 모양을 잡는 것도 엄청 빨리하는데 또 예쁘게 만드시더라고. 그런데 언니가 막상 해보니까 딱 맞게 재료를 개량하는 데도 시간이 엄청 걸리고, 반죽도 물을 부었다가 다시 밀가루를 부었다가 허둥지둥하고, 모양 잡는 것도 한 번에 안 되어서 다시 만들고 또 만들고…. 지금 그렇게 만들어 보는 단계야."

경민 언니는 손으로 빵을 만드는 시늉을 하며 이야기했다.

"그러다 보니 이게 능숙해지려면 지금 말한 그 과정들이 꼭 필요하다는 걸 깨달은 거지."

"그럼 지금 난 가장 어려운 단계인데 어떻게 해야 해?"

"구구단 외울 때를 생각해 봐. 구구단이 조금씩 어렵다고 느낀 후에 9단까지 완전히 잘 외울 수 있게 되기까지 어떻게 노력했어?"

"음, 그냥 매일매일 구구단 표를 보면서 읽고 외우고 읽고 외우고…. 그렇게 될 때까지 반복했던 것 같아."

"맞아. 그렇게 매일 이해하고 잘할 수 있을 때까지 계속해 보는 거야. 마치 구구단을 배우는 것처럼 드론 코딩도 모르면 다시 배운 걸 보면서 읽고 해보고, 다시 읽고 해보는 거야. 그러다 보면 반드시 구구단 외우듯 드론 코딩도 척척 해내게 될걸?"

채원이는 말없이 경민 언니를 바라봤다.

"경민 언니 말을 완전히 믿지 못하겠지?"

옆에서 두 사람의 대화를 듣고만 있던 소민 언니가 채원이에게 물었다. 채원이는 부끄럽다는 듯 고개를 끄덕이며 수줍게 웃었다.

"내가 보니까 우리 채원이는 걱정이 너무 많은 것 같아."

경민 언니가 채원이 쪽으로 의자를 당기며 말했다.

"그야 당연히 내가 못하는 게 많으니까…."

경민 언니는 집게손가락을 펴고 좌우로 흔들었다.

"아니. 아마도 네가 하는 걱정 대부분은 실제로 잘할지, 못할지 모르는 일일걸?"

"맞아. 모르겠어서 걱정이 돼."

"그런데 채원아, '이러면 어떡하지, 저러면 어떡하지'라고 걱정하기보다 일단 네가 해보는 게 중요해. 그러니까 오늘의 과제는 걱정시간을 정하는 거야."

"걱정시간?"

"응. 무언가를 하기 전에 걱정부터 되면 시간을 정해서 딱 그만큼만 생각하는 거야. 예를 들면 저녁 7시에 드론 코딩을 공부하려고 책상에 앉아서 책을 폈는데 '이걸 내가 이해할 수 있을까?' 하는 걱정이 들어. 이렇게 걱정하기 시작하면 '이것도 어려울 것 같고 저건 안 될 것 같고….' 하면서 생각이 꼬리에 꼬리를 물고 이어지면서 시간만 자꾸 흘러가거든. 그럴 때는 일단 시계를 봐. 그리고 '일단 내가 할 일부터 먼저 하고 7시 30분부터 걱정하자'라고 정하는 거야."

채원이는 저도 모르게 '풉' 하고 웃음을 터뜨렸다.

"여기서 웃음이 터지는 것도 나랑 똑같군."

소민 언니의 말에 경민 언니가 살짝 곁눈질하고는 말했다.

"채원아, 일단 이번 주만 한 번 해봐. 처음에는 그렇게 마음먹어도 해야 할 일은 못 하고 계속 걱정만 할 때도 있어. 그런데 한두 번 해보고 버릇이 되면 '걱정은 30분 후에 하고 일단 할 일부터 하자'라고 생각하게 돼. 그러다 어느 날은 해야 할 일을 하다가 걱정시간을 깜빡 잊게 되지. 그러면 그날은 아무 걱정도 하지 않고 그냥 넘어가게 돼. 신기하게도 말이야!"

"진짜? 그럴 수가 있다고?"

채원이가 믿을 수 없다는 듯 언니들을 번갈아 쳐다보았다.

"자, 오늘 과외는 여기까지! 기억해야 할 두 가지가 있어. 첫째, 가장 어려운 단계라서 절대 할 수 없을 거라고 너무 겁먹지 말 것. 둘째, 걱정시간을 정할 것. 알겠지?"

경민 언니의 말에 채원이는 고개를 끄덕였다.

"언니, 오늘은 자장면 먹으러 가자."

소민 언니가 자리에서 일어서며 말했다. 채원이도 자리에서 벌떡 일어서며 말했다.

"와! 나 자장면이 진짜 먹고 싶었어."

채원이와 소민 언니가 사는 곳은 마을에서 조금 떨어진 곳이어서 음식을 배달해 주는 곳이 없었다. 서울에서는 쉽게 먹었던 배달 음식을 먹으려면 차를 타고 한참을 나가야만 했다. 덕분에 채원이 엄마는 햄버거, 치킨, 피자, 자장면 같은 음식을 집에서 직접 맛있게 만들어 주려고 애썼지만 채원이와 주원이의 입에는 그저 건강한 맛일 뿐이었다. 그래서 과외가 끝나고 경민 언니가 운전하는 차를 타고 나가서 먹는 음식은 정말 꿀맛이었다.

* * *

며칠 후 저녁 식사를 마친 채원이는 방으로 들어와 컴퓨터를 켜고 드론 코딩을 하는 영상을 찾아보았다. 어느 한 동영상 속에서 채원이의 또래로 보이는 초등학생들이 여러 대의 드론을 음악에 맞춰 움직이게 하고 있었다. 드론 뒤에 보이는 스크린 화면에 아이들이 직접 짠 코딩 프로그램이 쭉 흘러가고 있었.

'와, 진짜 잘한다. 부럽다….'

영상을 넋을 놓고 보던 채원이의 머릿속에 갑자기 '난 저렇게 못 할 거야…'라는 생각이 떠올랐다. 그리고 금세 기분이 우울해졌다. 그런데 그때였다.

'아, 맞다. 걱정시간!'

경민 언니가 숙제로 내주었던 '걱정시간 정하기'가 떠올랐다. 시계를 보니 7시 30분이었다.

'일단 영상부터 끝까지 보고 걱정은 이따 8시에 하자!'

그리고 채원이는 다시 영상에 집중했다. 무언가 이 상황이 낯설고 좀 웃겼지만 이번 주까지만이라고 했으니 한번 노력해보기로 했다.

그 뒤로 한참 영상을 보는 중에 갑자기 문자 메시지 알림이 떴다. 채원이는 휴대전화를 확인했다.

 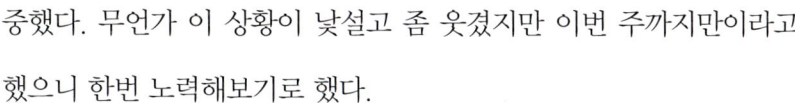

내일 수업 마치고 과학실로 모이세요.

이지민 선생님의 문자 메시지였다. 내일은 동아리 수업이 있는 날이 아니었다. 채원이는 고개를 갸웃거리다가 다시 영상에 집중했다. 그러다 보니 어느새 8시가 훌쩍 넘어가 버렸다.

'어? 언니 말이 정말이었던 거야? 그새 걱정할 게 없어졌는데?'

괜히 웃음이 피식피식 터져 나왔다. 언니들이 얘기한 말이 맞기는 하는데 한편으로는 너무 쉽게 걱정할 일이 없어진 것 같아 좀 어리둥절하고 믿기지 않았다.

다음 날 수업이 끝나고 채원이와 민아가 같이 과학실로 향했다. 과학실에는 평소와 달리 드론도, 태블릿 PC도, 이착륙장 표시도 없었다.

"얼른 들어와 앉으렴."

채원이와 민아가 막 자리에 앉았을 때 민들레반 아이들도 우르르 들어와 앉았다.

"선생님, 오늘도 동아리 수업해요?"

우진이가 의자에 궁둥이를 붙이기 무섭게 선생님한테 물었다.

"아, 오늘은 수업하려고 부른 게 아니라 너희들하고 상의를 좀 하고 싶은 게 있어서…."

선생님은 칠판 옆에 있는 텔레비전에 컴퓨터 화면을 연결해 띄웠다. 거기에는 '드론 코딩 대회'라는 글자가 크게 쓰여 있었다.

"선생님, 우리 대회에 나가요?"

가윤이가 물었다.

"이 대회에 참석할지 말지 여러분과 상의해 보려고 해."

"무슨 대회인데요?"

"드론 코딩을 써서 장애물 통과하는 비행을 하는 대회야. 자, 이 영상을 봐볼까?"

 선생님은 드론 코딩 대회가 열린 현장 영상을 보여주었다. 참가자 두 명이 한 조가 되어 코딩을 짜고 자율 비행으로 장애물을 통과한 뒤 양궁 표적처럼 생긴 착륙장에 드론을 착륙시키면 통과하는 대회였다. 그런데 둥근 모양의 장애물은 크기와 높이가 제각각이었고 착륙장 한가운데에 안정적으로 착륙시키지 못하면 좋은 점수를 받기 어려웠다.

 "어때? 연습해서 한번 도전해 볼래?"

 선생님의 말에 아이들은 잠시 말이 없었다. 그러다 침묵을 깨고 가윤이가 손을 들었다.

 "선생님, 저 나가고 싶어요."

 가윤이는 다섯 명 중에서 드론 코딩을 가장 잘하는 친구였다. 아이들은 수긍한다는 듯 고개를 끄덕였다.

 "두 명이 한 조니까 한 명이 더 필요한데…. 그럼 가윤이랑 같이 하고 싶은 사람?"

 아이들은 서로 눈치만 보고 쉽게 손을 들지 못했다.

 "저는 송우진이랑 같이 하고 싶어요. 우진이가 장애물의 높이나 거리 계산을 제일 잘했어요."

 가윤이의 말에 우진이가 깜짝 놀라 손가락으로 자신을 가리키며 '나?'라는 입 모양을 해 보였다.

"가윤아, 그러니? 그럼 우진이 생각은 어때?"

선생님의 질문에 우진이는 여전히 놀란 얼굴로 대답했다.

"아니, 저는 하고 싶기는 한데…. 만약 저 때문에 망치면 어떡해요?"

우진이의 대답에 채원이는 깜짝 놀랐다.

'어? 나보다 훨씬 잘하는데 우진이도 저런 생각을 하는구나….'

혼자만 하는 걱정이 아니라고 생각하니 채원이의 마음이 조금 가벼워지는 것 같았다.

"대회에 참가하는 친구들의 실력은 다들 비슷비슷해. 다만 좋은 성적을 얻기 위해 열심히 연습해 보겠다는 마음가짐이 있는지가 더 중요한 거지."

"그럼 한 번 해볼게요."

우진이가 쑥스러운 듯 웃으며 말했다.

"좋아. 그럼 이렇게 정하면 될까?"

선생님이 아이들을 둘러보았다.

"네!"

아이들은 고개를 끄덕이며 대답했다.

"그럼 가윤이랑 우진이는 남아서 선생님하고 대회 날까지 어떻게 연습을 할지 더 이야기 나누도록 하고 다른 친구들은 다음 동아리 수업 시간에 봅시다!"

 채원이는 아이들과 함께 과학실을 나왔다. 드론 코딩 대회는 자신과 전혀 상관없는 일이라고 생각하면서도 한편으로 채원이는 가윤이와 우진이가 조금 부러웠다.

집중력을 키우는 습관 만들기

- 내가 이루고 싶은 목표를 분명하게 정했다면 이제 집중하는 힘이 필요합니다. 마치 위험에 처한 사람들을 구하기 위해 온 힘을 다해 끝까지 집중해서 문제를 멋지게 해결하는 영화 속 슈퍼히어로처럼 말예요! 평소 나는 무언가에 얼만큼 집중하는 능력을 가지고 있나요? 나의 집중력 점수를 매겨봅시다.

0 - 1 - 2 - 3 - 4 - 5 - 6 - 7 - 8 - 9 - 10

(집중력 낮음)　　　　　　　　　　　　　(집중력 높음)

- 먼저 공부를 하거나 무언가를 배울 때 나의 집중력을 방해하는 어떤 습관을 가지고 있는지 확인해봅시다.

집중력을 방해하는 습관	있음(O)	없음(X)
문제를 풀 때 딴 생각이 자꾸 떠오른다		
잠을 8시간보다 적게 잔다		
하루에 멍하니 쉬는 시간 없이 계속 할 일이 많다		
TV, 핸드폰 등 여러 가지 영상을 자주 본다		
하루에 1번 이상 게임을 한다		
이것저것 걱정이 많은 편이다		

- 직접 찾아서 적어봅시다.

집중력을 방해하는 습관	있음(O)	없음(X)

- 집중력은 노력하면 얼마든지 좋아질 수 있습니다. 다음의 3가지 습관을 실천해 봅시다.

  ① 집중할 때 가장 방해되는 습관 하나를 정해서 꼭 고치기
  ② 한 가지 일을 할 때는 한 가지만 하기(여러 가지 일을 동시에 하지 않기)
  ③ TV, 핸드폰은 정해진 시간에만 보기

오늘의 몰입 한 줄 ★★★

내가 좋아하는 것을 생각할 때에는 딱 그 한 가지만 온통 머릿속에 가득하죠? **공부를 하거나 무언가를 배울 때에는 짧은 시간이더라도 한 가지에 집중하는 연습**을 해보도록 합시다.

# 타고난 천재인 줄 알았던 가윤이의 비밀!

다음 날 점심 식사를 마치고 채원이와 민아는 민들레반이랑 하는 축구 시합을 응원하러 운동장으로 나왔다. 관람석 한쪽에 막 앉으려는 순간 가윤이가 달려와 채원이 옆에 바짝 붙어 앉았다.

"오늘 너희 반이 이길 것 같아."

"왜?"

"마지막 4교시가 체육이었는데 왕복달리기를 해서 우리 반 애들 지금 엄청 힘들걸?"

가윤이의 말에 채원이와 민아가 운동장을 보며 웃었다.

"아, 가윤아. 대회 나가는 건 어떻게 하기로 했어? 따로 연습하기로 한 거야?"

민아가 고개를 쭉 빼고 묻자 가윤이는 고개를 끄덕이며 말했다.

"응. 시간이 별로 없어서 매일 연습해야 해. 오늘 이지민 선생님이 드론이랑 이것저것 필요한 거 가지고 오시기로 했어."

"매일?"

채원이와 민아가 입을 모아 소리쳤다.

"응. 2주일 동안은 매일매일!"

"힘들겠다⋯."

채원이가 걱정스러운 표정으로 말했다.

"그렇기는 하지만 대회에 나가서 얼마나 잘할 수 있는지 한번 해보고 상까지 받을 수 있으면 더 좋겠지!"

가운이가 활짝 웃으며 말했다.

학교를 마치고 집에 오니 여느 날과 다름없이 소민 언니가 강아지들을 데리고 나오고 있었다.

"채원아, 산책갈래? 오리온 데리고 나와."

"응, 좋아!"

잠시 후 목줄을 채운 리온이를 데리고 채원이가 나왔다.

"휴, 이제는 다 데리고 산책시키기도 쉽지가 않아."

소민 언니는 양손에 두 개씩 목줄을 나눠 쥐며 말했다.

"리온이도 이제 많이 컸고 힘도 세졌어."

채원이도 팽팽하게 당겨진 목줄을 들어 보였다.

"그런데 언니, 나 지금 고민이 하나 있어."

"고민? 무슨 고민?"

"우리 동아리에서 두 명이 드론 코딩 대회에 나가게 됐거든."

"아, 너는 아니고?"

"에이, 당연히 난 아니지. 다른 애들보다 못하는 게 많은데…."

"그래서 고민이 뭐야?"

"사실 대회에 나가는 애들이 너무 부러워."

"뭐? 부러운 게 고민이야?"

"응…. 오늘부터 매일 대회 준비를 위해서 연습해야 한다고 하면서 대회에서 상을 받을 수 있는 걸 상상하며 신이 난 친구를 보니까 부럽

더라고. 얼마나 두근거리고 기분이 좋을까?"

"부럽다는 게 고민이 맞네. 그럼 어떻게 해결해야 할까?"

소민 언니는 한참을 말없이 천천히 걷다가 문득 걸음을 멈추며 말했다.

"아, 이런 건 어떨까?"

채원이는 말없이 언니를 바라보았다.

"너도 같이 대회 준비를 하는 거야!"

"응? 내가 어떻게? 난 대회도 안 나가는데?"

"연습은 같이해도 되잖아."

"난 아마 애들한테 도움 되는 게 없을 거야. 두 사람보다 너무 못하는걸…."

"넌 네가 할 수 있는 걸 하면 되지. 대회 준비하려고 연습하는 거라며? 그럼 채원이 너도 매일 가서 두 친구가 어떻게 연습하는지도 보고, 다른 참가자 역할을 하듯 네가 옆에서 드론을 날리면서 연습해 보는 거야. 그럼 자연스럽게 실력도 좋아질걸?"

"그래도 될까…?"

"당연하지! 그 친구들하고 함께 연습하다 보면 마치 너도 대회에 나가는 것 같은 느낌이 들걸? 그리고 친구들은 어떻게 하는지 보고 듣는 것도 많아져서 모르는 것도 알게 되고 말이야. 예전에 내가 관심

받는 걸 좀 좋아했다고 한 거 기억나?"

채원이가 고개를 끄덕였다.

"내가 학원에 다녔을 때 올림피아드 대회에 나가는 6학년 수업에 들어가서 맞든 틀리든 문제도 풀어보고 선생님이랑 언니, 오빠들하고 대회에 나가면 어떤 분위기인지 수다도 떨고 그랬어. 그럼 그것만으로도 마치 진짜 대회에 참가한 것 같더라고! 실제 대회랑 똑같이 연습하니까 긴장도 되고 설레고 재밌었어. 해보고 싶었던 걸 아무런 부담 없이 한번 경험해보는 거랄까?"

소민 언니의 이야기가 무슨 의미인지 알 것 같아 채원이는 고개를 끄덕였다.

"근데 언니, 친구들이 싫어하지 않을까?"

"왜 싫어해?"

"내가 잘하지도 못하면서 대회에 나가려고 끼고 싶은 것처럼 보이잖아."

"음, 그렇게 보이고 싶지 않으면 두 가지 행동만 안 하면 돼. 근데 넌 안 그럴 것 같아."

"그게 뭔데?"

채원이가 다시 걸음을 멈추고 물었다.

"잘난 척, 아는 척!"

"응?"

"대회에 나가는 친구들이랑 같이 연습한다고 뭐라도 막 아는 척을 한다거나 마치 채원이 네가 대회에 나갈 것처럼 잘난 척을 한다거나 하는 행동 말이야. 그런데 넌 그럴 성격이 아니고."

"언니, 그렇게 하고 싶어도 내가 더 아는 것도, 더 잘하는 것도 없는 것 같아."

채원이의 말에 언니가 크게 웃었다.

"내 생각엔 지금 네 말이 사실은 아니지만! 어쨌든 그런 마음이라면 친구들이 어떻게 생각할지 걱정하지 않아도 될 것 같은데? 내가 도움을 줄 수 있는 건 이 방법밖에 없어. 결정은 채원이 네가 하는 거고."

산책을 마치고 집에 들어온 채원이는 마음이 계속 갈팡질팡해서 고민에 빠졌다. 가윤이, 우진이랑 함께 연습하고 싶다고 말을 꺼내볼지, 그냥 부러워만 할지…. 솔직히 친구들하고 같이 연습을 무척 해보고 싶지만 차마 그 말을 꺼낼 용기가 도무지 생길 것 같지 않았다. 그렇다고 포기하고 그냥 친구들이 연습하는 모습만 보며 매일 부러움을 느끼게 될 일을 생각하니 마음속 한 부분이 푹 꺼지는 것 같았다.

* * *

다음날까지도 채원이의 고민은 계속 이어졌다. 아침에 일어나서 그

날 수업이 다 끝날 때까지 채원이의 머릿속은 복잡하기만 했다. 그렇지만 어떻게든 결정을 해야 했다.

수업을 마친 후 채원이는 가방을 챙겨 들고 자리에서 일어서며 심호흡을 한 번 크게 했다. 그리고 교문이 아닌 과학실로 걸음을 옮겼다. 과학실 앞 복도에서 잠시 걸음을 멈춘 채원이는 심호흡을 한 번 더 한 후 과학실 문을 열고 안으로 들어섰다.

이야기를 나누고 있던 선생님과 가윤이, 우진이가 동시에 채원이를 쳐다봤다.

"어? 채원아, 어쩐 일이야?"

선생님이 놀란 얼굴로 물었다.

"저, 드릴 말씀이…."

"그래? 이리 와서 얘기해 봐."

채원이가 말을 끝내기도 전에 선생님이 손짓했다.

"선생님, 저도 수업 끝나면 매일 여기 와서 드론 코딩 연습하면 안 돼요?"

온종일 머릿속으로 준비한 말을 겨우 꺼내놓고 너무 긴장한 탓에 꽉 쥐고 있는 채원이의 두 손이 바들바들 떨려 왔다.

"아, 그 말 하려고 온 거니?"

"네…."

그러자 선생님이 환하게 웃으며 말했다.

"당연히 해도 되지. 선생님이 드론이랑 태블릿 PC 한 대씩 더 챙기기만 하면 되는데!"

선생님의 반응에 채원이의 입에서는 '휴!' 하고 아주 긴 안도의 한숨이 흘러나왔다.

"채원아, 이게 뭐 어려운 일이라고 그렇게 걱정스러운 얼굴로 물어봤어…. 가윤이랑 우진이도 괜찮지?"

"네, 그럼요!"

옆에서 듣고 있던 가윤이와 우진이도 채원이를 보고서 웃으며 대답했다.

그날 이후로 채원이에게 새로운 일상이 펼쳐졌다. 수업이 끝나면 곧장 과학실로 향했고 두 친구와 선생님이랑 머리를 맞대고 드론 코딩을 연습했다.

가윤이와 우진이는 실제 대회를 촬영한 영상에서 봤던 것처럼 높낮이와 크기가 제각각인 둥근 장애물을 통과하는 연습을 했다. 대회에서 어떤 형태의 장애물이 나올지 몰라서 매일 장애물의 위치와 거리를 바꾸며 연습하다 보니 계속 힘들어했고 또 손발이 맞지 않을 때는 삐걱대기도 했지만 그래도 두 친구는 함께 문제를 해결하며 잘 해내고 있었다.

그동안 채원이는 옆에서 가윤이와 우진이가 어떻게 드론 코딩을 하는지 유심히 관찰하고, 틈틈이 한쪽에서 과학실 테이블과 의자를 장애물로 삼아 관찰한 것을 그대로 연습도 했다. 때로는 두 친구하고 같이 드론을 날려도 보고, 대회 준비를 위해 이것저것 알려주시는 선생님이 계속 옆에 있다 보니 궁금한 것이 생길 때마다 바로 물어볼 수 있어서 정말 좋았다.
　그렇게 일주일이 지나고 오늘도 채원이는 수업이 끝나자마자 과학실로 향했다. 이제 대회가 3일밖에 남지 않아 두 친구와 선생님은 더 열정적으로 연습을 했다. 덕분에 채원이도 드론 코딩에 더 몰입할 수

있었다. 연습을 끝마치고 가윤이와 교문을 나서는데 무더운 바람이 훅 불어왔다.

"채원아, 나 궁금한 게 있어."

"응? 뭔데?"

"사실 난 연습할 때 네가 같이 있으니까 왠지 힘이 돼서 아무 생각이 없었는데…. 어제 갑자기 준성이가 물어보는 거야. 대회에 나가는 것도 아닌데 왜 네가 우리랑 매일 같이 연습하느냐고. 그래서 나는 그냥 네가 드론이 좋아서 하는 것 같다고 말하기는 했는데 문득 궁금해지더라고. 이렇게 열심히 하는 이유가 무엇인지 말이야."

"…내가 잘하지 못해서."

채원이가 고개를 숙인 채 작은 목소리로 대답했다.

"잘하지 못해서라고? 근데 그럼 연습하기 싫지 않아?"

"처음엔 사실 엄청 하기 싫었어. 특히 코딩 메뉴만 봐도 눈앞이 막 캄캄해졌어. 선생님의 설명을 아무리 들어도 하나도 이해되지 않아서 포기하고 싶은 생각도 자주 했어…. 그런데 그냥 해 보기로 했어. 아직 다른 애들보다는 못하지만 그래도 그냥 계속해 보기로 마음먹었거든. 구구단 외우는 것처럼 말이야."

"구구단?"

"응. 구구단을 배우다가 어려워질수록 이걸 어떻게 다 외우지 싶은데 계속해서 외우고 또 외우다 보면 어느새 막 술술 나오잖아. 그래서 드론 코딩도 외우듯 계속 연습해 보면 구구단처럼 쉽게 할 수 있게 되지 않을까 하는 생각이 들었거든. 그래서 그냥 계속 연습해 보는 거야."

"하지만 채원이 넌 조종기 비행은 잘하잖아. 그럼 그건 예전부터 연습했던 거야?"

채원이는 고개를 절레절레 저은 후 눈을 가리키며 말했다.

"그건 내가 드론에 관심이 생겼을 때부터 계속 찾아봤던 거였어. 책도 읽고, 영상으로도 보고…. 조종기를 어떻게 조종하는지, 조종에 따라서 드론은 어떻게 움직이는지 집중해서 보다 보니까 그러는 사이에 나도 모르게 눈으로 연습을 계속했었나 봐. 근데 드론 코딩은 생전 처음 알게 됐고 또 배우는 거라 너무 어렵더라고. 내가 뭐든 배우는 게 좀 느리거든…."

"어? 나도 똑같아. 새로 무언가 배우는 속도가 얼마나 느린지!"

채원이가 깜짝 놀라 가윤이를 바라보며 말했다.

"정말? 넌 처음부터 드론을 잘하는 줄 알았어."

"하하하! 내가 뭐 천재냐? 처음부터 잘하기는…. 우리 동아리 수업 처음 했던 날, 네 드론 말고 또 다른 드론 하나 땅에서 띄우지 못했던 거 기억나? 그거 내 거였어!"

가윤이의 말을 듣고 보니 그 날 복도에서 이지민 선생님과 대화를 나누던 중에 봤던 과학실 안에서 이륙에 성공한 세 대의 드론이 떠올랐다.

"그날 밤에 도무지 잠이 오질 않는 거야. 채원이 넌 그냥 포기할 생각을 했다고 했지? 사실 나는 아예 동아리를 옮기려고 생각했었어. 그러다 다시 동아리 수업하는 날이 다가와서 일단 선생님이 주신 교재를 다시 읽고 영상도 몇 개 찾아서 본 다음에 갔더니 겨우겨우 대충 이해가 되더라고. 그래서 그다음 시간에도 똑같이 예습하고 갔는데 다른 애들은 제자리 비행뿐 아니라 위치 이동까지 자유자재로 쉽게 잘하는 거야. 나는 태블릿 PC 앞에서 막 버벅거리고 있는데…."

가윤이는 한숨을 한 번 내쉬고 다시 말을 이어갔다.

"그날 동아리가 끝나고 애들이 가고 난 후에 이지민 선생님한테 얘기를 했었어. 나도 잘하고 싶은데 어떻게 해야 할지 모르겠다고…. 그래서 선생님하고 좀 더 연습하고 집에 갔거든. 근데 그날이 네가 결석한 날이었어. 민아한테 네 소식을 물었다가 우연히 네가 서울에서 전학 왔다는 얘기를 듣게 됐는데 내가 처음 이 학교에 전학 온 날이 떠올랐어. 그때 나도 학교는 낯설고 친구가 한 명도 없어서 엄청 어색하고 외로웠거든. 그래서 너랑 친구가 되어야겠다고 생각했고, 그날 수업에서 배운 걸 내가 아는 것만큼이라도 너한테 알려주고 싶었던 거야. 그러면서 나도 한 번 더 공부하고 연습할 수 있으니까….”

"그러니까 날 이용한 거구나?"

채원이의 말에 가윤이가 엄지손가락과 집게손가락을 작게 오므리며 말했다.

"아주 조금은?"

채원이와 가윤이가 동시에 웃음을 터뜨렸다.

"그런데 가윤아, 너 정말 대단하다. 대체 얼마나 연습을 한 거야?"

"지금 너하고 비슷해."

"나하고?"

"응. 나도 일단 그냥 막 했어. 되든 안 되든 계속 쭉 이것저것 다 해 봤어. 선생님께 가서 질문도 하고 도서관에 가서 책을 찾아서 읽어도 보고 동영상도 되는 대로 다 찾아보고…. 한번은 아침에 일어나자마자 이지민 선생님께 문자를 보낸 적도 있어. 수업 끝나는 대로 연습하고 싶다고. 선생님이 무척 황당해 하셨지."

"하하하! 그럼 넌 꿈이 드론을 조종하는 일을 하는 거야?"

가윤이는 고개를 절레절레 저었다.

"아니. 난 요리사가 되고 싶어. 근데 요리사랑 드론은 아무 상관이 없나?"

채원이는 예상치 못한 가윤이의 대답에 잠깐 생각을 하고 나서 말했다.

"맞다, 배달 음식! 드론으로 음식을 배달할 수 있잖아. 게다가 넌 코딩을 잘하니까 드론 한 대로 여러 곳에 차례대로 배달할 수 있게 코딩을 짤 수 있을 거 아냐. 자율 비행으로 배달하는 게 꼭 필요해! 왜냐하면 우리 집이 저 먼 안쪽 동네라서 음식 배달이 전혀 안 되거든. 너무 불편해!"

"오, 정말? 전혀 상상도 못 했는데…. 요리도 하고 드론도 할 수 있다니 진짜 좋은 생각이야!"

가윤이가 손뼉까지 치며 신이 나서 말했다.

* * *

드론 코딩 대회가 열리는 날이었다. 이지민 선생님은 '꿈동이 어린이집'이라고 적힌 샛노란 승합차를 운전해 학교 교문 앞에 나타났다.

"얘들아, 얼른 타! 너희들 모두 태워서 가려고 선생님이 어렵게 빌려온 거야."

아이들이 귀여운 차를 보고 키득거리며 차례대로 올라탔다.

"왠지 '아기 염소' 같은 노래를 불러야 할 것 같아."

"나 어린이집 다닐 때 매일 차 안에서 간식 먹었던 거 생각난다."

아이들이 한참 재잘대며 떠드는 와중에 가윤이는 한마디도 하지 않았다. 아마 곧 시작될 대회를 생각하며 잔뜩 긴장해 있는 것 같았다.

차를 타고 한 시간쯤 달려서 대회 장소인 한 도청 체육관 앞에 도착했다. 차에서 내리니 이곳저곳에 드론과 노트북 컴퓨터, 태블릿 PC 등을 들고 서 있는 아이들이 삼삼오오 모여 있었다.

"자, 먼저 가윤이랑 우진이는 선생님이랑 1층에 가서 참가 접수를 하고 드론 세팅을 할 거야. 채원이랑 민아, 준성이는 안내해주시는 분을 따라서 2층 관람석으로 가서 앉아 있자. 알았지?"

"네!"

채원이는 민아, 준성이랑 함께 응원 피켓을 챙겨서 2층으로 올라가 가장 맨 앞줄에 나란히 앉았다. 그리고 대회에 참가하는 아이들이 어떻게 드론을 준비하고 연습하는지 관심 깊게 살펴봤다. 참가 신청을 마친 선생님도 2층으로 올라와 자리에 앉았다.

잠시 후 다섯 개 팀의 참가자가 모두 드론 세팅을 끝내고 곧이어 대회가 시작되었다. 참가자들이 코딩을 짜는 동안 대회장은 작은 날벌레 날아다니는 소리조차 들리지 않을 만큼 조용하더니 드론 비행이 시작되자마자 여기저기에서 응원하는 함성이 들려왔다.

"와, 우리 드론도 이륙했어. 얼른 응원을 시작해야 해!"

민아가 피켓을 들어 올리며 채원이와 준성이에게 말했다. 채원이는 피켓을 있는 힘껏 높이 들어 올리며 소리쳤다.

"해암초 파이팅!"

"이가윤, 최우진 파이팅!"

선생님과 아이들은 목이 터질 듯 외쳤다. 채원이는 피켓을 들고 열심히 응원하면서도 대회장을 날아다니는 드론의 움직임을 놓치지 않으려고 온 신경을 집중시켰다.

얼마 후 대회가 끝이 났다. 가윤이와 우진이의 드론은 마지막에 살짝 오차가 생겨 착륙장의 표적지 한가운데에 착륙하지는 못했지만 3등이라는 결실을 이뤘다.

"자, 모두 고생 많았다. 우리 선수들은 연습한 대로 정말 잘했고 온 마음을 다해 파이팅을 외쳐준 응원단도 최고였어!"

대회장을 나서며 선생님이 아이들의 어깨를 두드려주었다.

"그럼 이제 피자랑 치킨을 먹으러 가 볼까?"

"와, 완전 좋아요!"

아이들이 펄쩍펄쩍 뛰고 응원 피켓을 이리저리 흔들면서 소리쳤다.

"아이고…."

그 모습을 보며 선생님이 고개를 절레절레 웃음을 터뜨렸다.

　　　　　　　　＊＊＊

어느새 여름방학이 찾아왔다. 채원이는 아침 식사를 마치자마자 드론과 조종기가 든 가방을 챙겨 들고 현관문을 나섰다. 방학이 시작되기 전 채원이는 엄마, 아빠의 허락을 받아 그동안 모아둔 용돈으로 간절히 바랐던 드론을 샀다. 방학 동안에는 학교에서 동아리 수업을 듣지 못하니 혼자서라도 연습을 계속하고 싶다고 부모님을 설득해 이뤄낸 일이었다.

"채원아!"

채원이가 리온이의 목줄을 매어주는 동안 옆집 마당에서 소민 언니가 손을 흔들며 불렀다. 언니는 집 밖으로 당장이라도 뛰어나가려고 아등바등하는 네 마리의 강아지 줄을 한 손에 잡고 있느라 휘청거리고 있었다.

"얼른 가자! 강아지들이 난리야!"

채원이는 고개를 끄덕이며 리온이를 데리고 대문을 나섰다. 채원이와 소민 언니가 향한 곳은 드넓은 초원이 펼쳐진 언덕이었다. 그곳에는 가윤이가 이미 일찍 도착해서 드론을 세팅해놓고 기다리고 있었다. 어제저녁 부모님께 생일 선물로 드론을 받아서 엄청 신이 난 가윤이가 채원이에게 전화했었다.

"너무 이른 아침이잖아."

채원이가 가윤이를 살짝 흘겨보며 가방을 벗어 내렸다.

"낮 12시가 지나면 너무 덥잖아. 얼른 시작하자!"

가윤이는 마음이 급한지 계속 재촉했다. 채원이는 리온이를 소민 언니에게 맡기고 가방에서 드론을 꺼내며 가윤이에게 물었다.

"근데 넌 왜 조종기로 하는 드론을 샀어? 코딩을 훨씬 잘하잖아."

"너 때문에."

"나 때문에?"

"응. 대회 준비할 때 우리랑 같이 연습했잖아. 그때 시간이 지날수록 네 드론 코딩 실력이 쑥쑥 좋아지는 게 보이는 거야. 그래서 나도 너처럼 꾸준히 조종기를 연습하면 실력이 늘 것 같아서 일부러 이걸로 샀지."

"아, 그럼 나는 코딩 드론으로 살 걸 그랬나?"

채원이의 말에 가윤이는 고개를 절레절레 저었다.

"그건 안 되지. 너도 조종기로 하는 드론을 써야 연습하면서 날 가르쳐줄 수 있잖아."

"뭐라고? 너 또 이용하는 거지?"

가윤이는 또 엄지손가락과 집게손가락을 살짝 오므리며 말했다.

"조금은?"

가윤이의 장난스러운 대답에 채원이는 웃음을 터뜨리며 드론의 전원을 켜고 가윤이와 나란히 비행을 시작했다. 비행이라고 해봤자 지정한 나무가 있는 데까지 날아갔다가 다시 출발 위치로 되돌아오는 것이 전부였지만 탁 트인 초원에서 하는 드론 비행은 체육관이나 운동장에서 하는 것과는 비교할 수 없을 만큼 재밌었다.

"이번에는 저기 있는 나무를 한 바퀴 돌고 난 후에 그 옆에 있는 나무 위로 날아 올라가 제자리 비행을 하고 돌아오게 하는 건 어때?"

채원이가 멀리 있는 나무 두 그루를 손가락으로 가리키며 동선을 설명하자 가윤이가 고개를 저었다.

"내가 하기에는 너무 어려울 것 같아. 난 그냥 저기 소나무까지 갔다가 돌아오게 하는 연습을 할게. 잘못하면 저 뒷동네로 드론이 날아가 버릴 것 같거든."

"그래. 그럼 각자 할 수 있는 걸 하자."

채원이가 먼저 드론을 띄웠다. 뒤이어 가윤이의 드론도 날아올랐다. 윙윙거리며 휙휙 날아다니는 드론들을 보며 강아지들은 왕왕 짖

다가도 서로 부딪히고 뒹굴며 노느라 정신이 없었다.

그렇게 한참을 드론을 날리다 보니 배에서 꼬르륵 소리가 울려 퍼졌다.

"와, 벌써 1시야."

가윤이가 휴대전화를 꺼내 시간을 보더니 깜짝 놀라 말했다. 채원이도 놀라서 주변을 둘러보니 소민 언니는 강아지들과 뛰어놀다가 지쳐서 주저앉아 있었다.

"이제 그만하고 집에 가자. 배도 고프고 덥다."

채원이의 말에 가윤이가 고개를 끄덕이며 가방에 드론과 조종기를 넣었다.

"채원아, 리온이가 네 발밑에서 그렇게 팔짝팔짝 뛰면서 짖는데 한 번도 안 쳐다보고 완전히 드론에 빠져서 집중하더라."

집에 오는 길, 소민 언니가 웃는 얼굴로 채원이를 보며 말했다.

"다른 거 신경 쓰다가 조종기 스틱을 아주 조금이라도 잘못 움직이면 순식간에 드론이 추락하거나 엉뚱한 데로 날아가 버리거든. 비행하는 동안에는 단 한 순간도 절대 딴생각을 할 수 없어."

"그래. 그래서 나도 너한테 말 한마디 안 걸고 끝날 때까지 기다렸지."

"아, 맞다. 언니, 리온이까지 챙기느라 너무 힘들었지?"

"살짝? 그래도 우리집 강아지들이나 리온이는 성격이 순한 편이라 괜찮아. 텔레비전에서 보니까 엄청 에너지가 넘쳐흘러서 계속 운동을 해도 지칠 줄 모르는 강아지들도 많더라고. 대신…."

"대신, 뭐?"

"매일 드론 연습하러 가자는 말은 하지 마. 2, 3일에 한 번 정도가 딱 좋은 것 같아."

채원이는 고단함이 느껴지는 언니의 목소리에 웃음을 터뜨렸다.

그릿(열정적 끈기)이 꼭 필요해!

- 나의 목표를 이루려는 결심을 하고 집중해서 도전했을 때 딱 한 번에 성공하는 일은 쉽지 않습니다. 이때 포기하지 않고 다시 도전하는 열정과 끈기가 필요합니다! 이것을 바로 그릿Grit이라고 합니다.
- 그릿의 힘을 가진 친구들은 이런 특징이 있습니다. (《그릿Grit》(앤절라 더크워스 저) 참조)

① 걸림돌이나 방해물이 생겨 힘이 들어도 크게 실망하지 않는다.
② 한 번 시작한 일은 끝까지 한다.
③ 한 가지 목표를 세우면 (새롭고 흥미로운 목표가 생겨도) 그 목표에만 집중한다.

상황	쉽게 포기하게 만드는 생각 습관	그릿의 힘을 키우는 생각 습관
시험을 잘 못 봤을 때 스스로에게 하는 말은?	내가 할 수 있는 만큼 노력한 건데 점수가 안 나오면 어쩔 수 없지.	이번 한 번 점수가 나빴다고 실망할 건 없어. 다음 번에는 어떻게 하면 결과가 더 좋아질지 생각해보자.
운동, 음악 연주 등을 잘했을 때 스스로에게 하는 말은?	역시 나는 타고난 재능이 있어. 연습은 더 하지 않아도 이 정도만 해도 충분할 거야.	참 잘했다. 열심히 잘 배우고 있는 것 같아! 조금 더 나아질 수 있는 건 없을까?
시험이나 경쟁에서 내가 목표한 것을 달성하지 못할 때 스스로에게 하는 말은?	이건 내가 잘할 수 있는 게 아니야. 다른 걸 잘하면 되지.	내 목표가 너무 높았던 걸까? 주변 사람들에게도 조언을 구하고 어떻게 하면 내가 해낼 수 있을지 분명히 방법이 있을 거야.

- 만약 나라면 다음의 상황이 벌어졌을 때 어떤 말과 생각을 할까요? 나의 생각 습관을 되짚어보고 직접 써봅니다.

상황	내가 자주 하는 생각 습관
시험을 잘 못 봤을 때 스스로에게 하는 말은?	
운동, 음악 연주 등을 잘했을 때 스스로에게 하는 말은?	
시험이나 경쟁에서 내가 목표한 것을 달성하지 못할 때 스스로에게 하는 말은?	

🟡 오늘의 몰입 한 줄 ★★★

등산을 할 때 산의 정상까지 너무 높다고 바로 포기하고 내려가는 사람과 아무리 시간이 걸리더라도 자신의 걸음걸이에 맞춰 부지런히 결국 꼭대기까지 올라가는 사람이 있습니다. **나의 목표가 있다면 포기하지 말고 끝까지 열정적으로 끈기 있게 도전해보세요.**

망설이지 말고
한번 도전해보는 거야!

방학 내내 채원이는 언니들하고 과외 수업이 있는 주말을 빼고는 거의 매일 가윤이를 만나서 드론을 날렸다. 처음에는 초원이나 언덕에서 주로 비행 연습을 했지만 뒷산 어귀나 학교 근처 놀이터에서 날릴 때도 있었다. 뒷산이나 놀이터에는 나무나 놀이기구가 많아서 장애물 통과 비행을 연습하기에 좋은 장소였다.

놀면서 연습하다 보니 방학이 끝날 때쯤 채원이와 가윤이의 드론 조종 실력은 몰라보게 좋아져 있었다. 이제 가윤이는 스틱을 조종할 때 절대 겁먹지 않고 요령도 생겨서 장애물 서너 개쯤은 쉽게 통과할 수 있게 되었다. 그리고 채원이는 더 안정적이고 정확하면서 또 빠른 속도로 비행을 조종할 수 있게 되었다.

개학 후 첫 동아리 수업은 과학실에서 시작했다.

"다들 방학 동안 잘 지냈니? 선생님이 보고 싶진 않았고?"

이지민 선생님이 아이들을 둘러보며 물었다.

"그러기에는 방학이 너무 짧았어요!"

우진이의 대답에 선생님과 아이들 모두 웃음을 터뜨렸다.

"그럴 수도 있겠네. 다들 얼굴 보니 그동안 잘 지낸 것 같네. 얼굴이 새까만 걸 보니까 아주 신나게 놀았나 봐!"

선생님이 채원이와 가윤이를 바라보며 말하자 두 사람은 서로 얼굴을 보며 키득거렸다.

"자, 오늘은 코딩을 해볼 건데…. 혹시 너무 오랜만이라 다 잊어버린 건 아니겠지?"

선생님은 아이들 앞에 놓인 태블릿 PC를 가리키며 말했다.

"아니에요!"

아이들은 일제히 소리쳤다.

"좋아. 그럼 여기 놓인 의자 여러 개를 장애물로 쓸 거야. 오늘의 비행은 장애물 사이사이에 있는 빈 곳마다 한 번씩 착륙하고 또 이륙해서 차례차례 넘어가는 거야. 듣기만 해도 어려우니까 코딩을 엄청 잘 짜야 하겠지?"

"네!"

그럼 시작해 보자!"

아이들은 얼른 태블릿 PC를 붙잡고 코딩을 짜기 시작했다. 채원이도 과학실의 한가운데에 띄엄띄엄 놓인 의자들의 높이와 거리를 가늠하며 분주하게 코딩을 짰다. 그러는 사이 드론 한 대가 윙 하고 떠올랐다. 우진이의 드론이었다.

"역시 높이나 거리 계산은 우진이가 빠르다니까. 자, 그럼 이제 나도 출발!"

채원이의 옆에 앉은 가윤이가 태블릿 PC 화면 속 시작 메뉴를 손가락으로 탁 누르며 말했다. 곧이어 채원이도 짜놓은 코딩을 한 번 더 확인한 후 세 번째로 이륙을 시켰다.

세 대의 드론이 마치 돌림노래를 부르는 듯 일정한 거리 간격을 두고 같은 경로를 날아다녔다. 그 모습이 신기했는지 준성이와 민아가 코딩 짜는 일을 멈추고 세 대의 드론 비행을 바라봤다.

"와, 무슨 퍼포먼스를 하는 것 같다. 음악만 있으면 딱 좋겠어!"

민아가 눈앞에 보이는 장면에서 시선을 떼지 않고 말했다. 사실 채원이에게도 이 광경은 무척 신기해 보였다. 이렇게 줄지어 나란히 비행한다는 것은 채원이가 짠 코딩이 우진이나 가윤이가 짠 코딩과 비슷하다는 의미였기 때문에 그 사실만으로도 정말 뿌듯했다.

"채원아, 정말 잘했어. 오늘 채원이가 짠 드론 코딩은 정말 흠잡을 데가 하나도 없었어. 그동안 열심히 연습했던 보람이 있네!"

동아리 수업을 마치고 과학실을 나오려 할 때 선생님이 채원이의 어깨를 다독이며 자랑스럽다는 듯이 말했다. 코딩을 배우고 처음 듣게 된 칭찬이어서 그랬을까? 채원이는 어느 때 보다 기분이 좋았고 또 행복했다.

* * *

다시 돌아온 동아리 시간, 오늘은 원래 운동장에서 조종기로 드론 비행을 하기로 했다. 그런데 선생님이 과학실로 모이라고 연락을 줬다. 채원이는 민아와 함께 과학실로 들어서다가 잠시 걸음을 멈추었다.

"응? 아무것도 없는데?"

채원이의 말처럼 과학실에는 드론도, 태블릿 PC도 없었다. 잠시 후 민들레반 아이들이 들어오고 그 뒤를 이어 선생님이 들어왔다.

"선생님, 오늘 뭐 해요? 왜 아무것도 없어요?"

우진이가 이상하다는 듯 물었다.

"아, 오늘도 여러분하고 의논할 게 있어."

선생님이 컴퓨터 화면을 연결한 텔레비전을 켜자 드론 축구대회의 포스터가 나타났다.

"드론 축구대회? 그게 뭐예요?"

준성이가 묻자 선생님은 동영상 파일 하나를 클릭하며 말했다.

"말 그대로 드론으로 축구를 하는 대회인데 이 영상을 보면서 얘기해 볼까?"

영상 속에는 넓은 체육관의 양 끝쪽에 조종기를 들고 선 아이들과 동그란 모양의 틀에 끼워져 있는 여러 대의 드론, 그리고 천장에도 양 끝쪽에 마치 도넛처럼 생긴 하얀색의 둥근 고리가 하나씩 매달려 있는 게 보였다. 아이들은 책상 앞으로 몸을 바짝 당기며 호기심에 찬 눈빛으로 화면을 주시했다.

잠시 후 삑 하는 호루라기 소리와 함께 공 모양의 드론들이 동시에 공중으로 떠올랐다. 하얀 고리 안으로 드론이 통과할 때마다 하얀색이 빨간색으로 바뀌면서 전광판에 점수가 올라갔다. 축구를 하듯이 상대 팀의 고리 안으로 드론을 공처럼 통과시키면 점수가 올라가는데 이때 드론을 막으려고 수비를 하는 드론도 있어 점수를 얻는 게 쉽지만은 않아 보였다.

"어때? 드론 축구가 어떤 건지 알겠니?"

재생되는 영상을 잠시 멈춰놓고 선생님이 아이들에게 물었다.

"어떤 건지 알겠는데 엄청 어려워 보이는데요?"

우진이가 몸을 뒤로 젖히며 말했다.

"그래도 재미있을 것 같아요. 진짜 축구 같아서요!"

다른 반과 축구 시합을 할 때마다 한 번도 빠진 적이 없는 준성이다

운 대답이었다.

"우리 이 대회에 나가볼까?"

선생님의 물음에 아이들은 선뜻 아무 말도 하지 않았다. 잠시 후 가윤이가 입을 열었다.

"선생님, 조종기로 하는 드론 비행은 채원이가 제일 잘하니까 채원이만 나가면 어떨까요?"

그러자 선생님이 고개를 저으며 말했다.

"드론 축구는 모두 다 같이 나가야 해."

"저희 다요?"

"그래. 영상에서 봤듯이 공격하는 드론, 수비하는 드론이 각각 있어야 하고 경기를 하려면 최소한 다섯 대의 드론, 즉 다섯 명의 사람이 필요하거든."

"아, 난 조종기는 자신 없는데…."

가윤이가 혼잣말보다 조금 큰 소리로 중얼거렸다.

"자, 어때? 연습해서 다 같이 나가볼까? 아니면 그냥 하지 말까?"

선생님이 한 번 더 아이들에게 물었다.

"우리 대회에 나가보자. 다 같이 하는 거니까 더 재미있을 것 같아."

준성이가 아이들을 둘러보며 말했다. 아이들은 멀뚱멀뚱 준성이를 쳐다보기만 했다.

"나는 나 때문에 질까 봐…."

민아가 기운 없는 목소리로 말했다.

"연습하면 되지! 오채원도 코딩은 잘하지 못했는데 연습해서 지금은 정말 잘하잖아!"

준성이의 말에 아이들 모두 채원이를 쳐다봤고 채원이는 깜짝 놀라 눈을 동그랗게 떴다.

"야, 한번 나가보자. 응? 나 진짜 해보고 싶어."

준성이는 계속해서 아이들에게 채근했다.

"그래. 그럼 해보자. 난 해볼래."

가윤이도 준성이의 뜻에 따르자 다른 아이들도 고개를 끄덕였다.

"그럼 모두 대회에 나가는 것으로 의견을 모은 거지?"

"네!"

선생님의 질문에 아이들이 입을 모아 대답했다.

"그래. 이번에는 연습 시간이 한 달 정도 돼. 그래도 가능하면 매일 모여서 연습하는 게 가장 좋겠지. 너희들 생각은 어때?"

"저는 좋아요. 운동장에서 제 발로 하는 축구는 당분간 포기하겠어요."

준성이가 가장 먼저 손을 들고 비장한 표정으로 말했다. 목요일에 학원에 가야 하는 민아를 빼면 다른 아이들 모두 매일 연습할 수 있다고 말했다.

"좋아. 그럼 공격과 수비 담당은 연습하면서 정하도록 하자. 일단 선생님이 이번 주까지는 필요한 장비들을 준비해야 해. 그러니까 본격적인 연습은 다음 주 월요일부터 하기로 하고 선생님이 따로 연락하지 않아도 수업 마치는 대로 체육관으로 모이도록 하자."

"네!"

"매일 연습하려면 아주 힘들 거야. 마음의 준비들 단단히 하고 오기! 그럼 다음 주에 만나자."

"네, 선생님!"

아이들은 우렁차게 대답하고 과학실을 나왔다.

"채원아, 넌 잘할 테니까 걱정 없어서 좋겠다."

가윤이가 채원이와 나란히 걸어가며 말했다.

"아니야. 나도 걱정돼."

"네가 왜?"

"이건 상대편이 있는 경기니까…. 게다가 아까 영상 보니까 응원 소리도 무척 크고 점수가 올라가면 함성도 훨씬 더 커지던데 만약 경기에서 지면 큰일 날 것 같더라니까."

가윤이가 고개를 크게 끄덕이며 말했다.

"맞아. 특히 남준성이 가만히 있지 않을 거야. 걔가 승부욕이 진짜 장난 아니거든."

"그럴 것 같아."

채원이도 고개를 끄덕였다.

* * *

첫 드론 축구 연습을 하기로 한 월요일이 되었다. 채원이와 민아는 체육관으로 들어서며 동시에 '와!' 하고 탄성을 질렀다.

농구대에는 영상에서 봤던 하얀색 둥근 고리가 매달려 있었고 이지민 선생님은 드론마다 공 모양의 틀을 끼우고 있었다. 채원이와 민아는 선생님이 있는 곳으로 달려가 장비들을 구경했다. 조금 있으니 민들레반 아이들도 가방을 멘 채 뛰어오고 있었다.

"이야, 멋지다!"

준성이와 우진이가 장비들을 살펴보며 말했다.

"자, 다 왔으니까 이제 시작할 건데 연습하기 전에 먼저 규칙부터 설명해 줄게."

아이들은 진지한 표정으로 선생님을 바라보았다.

"먼저 포지션은 두 가지야. 공격수와 수비수. 어떤 역할을 하는지는 따로 설명하지 않아도 되지?"

아이들이 고개를 끄덕였다. 선생님은 꼬리표를 붙여 놓은 드론 두 대를 양손으로 들어 올리며 설명을 이어갔다.

"자, 이렇게 꼬리표가 달린 드론은 공격수 드론이야. 드론 축구에서는 이 공격수 드론만 공격을 할 수 있어. 나머지 드론은 무조건 수비만 할 수 있고…. 그러니까 수비수 드론을 맡아서 조종하고 있는데 갑자기 막 승부욕에 불타서 공격하더니 상대편 골대 안으로 날아 들어가고 하면 안 돼."

선생님은 한참 동안 경기 규칙을 설명해 주었다. 드론 수도 많지 않고 경기 소요 시간도 한 세트에 3분밖에 되지 않아서 아이들은 규칙이 간단할 거라고 생각했는데 예상외로 지켜야 할 것들이 많았다.

오늘 연습 시간에는 준성이와 우진이가 공격수를 하기로 결정한 후 선생님이 조종기를 나누어 주었다. 조종기를 받아 든 아이들이 나란히 서서 경기 시작 신호를 기다리고 있는데 갑자기 윙 소리와 함께 우진이의 드론이 떠올랐다. 그러자 삑 하는 호루라기 소리가 체육관을 가득 채웠다.

"시작을 알리는 호루라기 소리가 나기 전에 드론을 미리 띄우는 건 반칙이야. 이렇게 반칙을 하면 상대편에게 페널티킥 기회가 주어질 거야."

선생님이 호루라기를 손에 들고 외쳤다.

"네? 드론 축구에도 페널티킥 규칙이 있어요?"

준성이가 깜짝 놀라 물었다.

"당연하지. 기본적으로 축구 규칙이랑 똑같다고 보면 돼. 그러니까 반칙하지 않도록 조심하자."

"네."

아이들은 잔뜩 긴장한 얼굴로 각자의 드론과 골대를 쳐다보았다. 잠시 후 선생님이 호루라기를 불어 경기 시작을 알렸고 그와 동시에 다섯 개의 드론이 떠올랐다.

첫 번째 경기는 생각보다 싱겁게 끝이 났다. 민아와 우진이의 드론이 골대 근처에도 가지 못한 채 엉뚱한 곳으로 날아가거나 땅에 떨어져 버렸고 채원이와 가윤이가 수비하는 동안 준성이 혼자 낑낑대며 조종하다가 결국 세 골을 겨우 넣고 3분의 시간이 끝났기 때문이다.

"야, 우리 망했다."

쉬는 시간, 준성이가 털썩 주저앉더니 우진이를 흘겨보며 말했다.

"자, 다음 세트에서는 공격수를 바꿔 보자. 누가 해볼까?"

선생님의 말이 끝나기가 무섭게 채원이가 손을 들고 뒤이어 준성이와 가윤이가 동시에 손을 들었다.

"준성이는 공격수를 한번 해봤으니까 이번에는 채원이랑 가윤이가 해보자."

준성이는 자신의 조종기를 가윤이에게 건넸고 채원이도 우진이와 조종기를 바꿔 든 뒤 두 번째 경기가 시작되었다.

경기 시작 후 곧바로 준성이가 드론을 골대 한가운데에 자리 잡게 한 다음에 제자리 비행을 시켰다.

"하하하! 저러다 한 골도 못 들어가겠다!"

우진이가 웃으며 말하는데 또다시 선생님이 호루라기를 삑 하고 불었다.

"그렇게 골대에 딱 붙어서 막는 것도 반칙이야. 공격수들, 페널티킥 준비해."

준성이가 그런 줄 몰랐다고, 억울하다고 호소했지만 전혀 소용이 없었다. 공격수인 채원이의 드론과 수비수인 준성이의 드론이 일대일 대결을 펼쳤고 결과는 채원이의 승리였다. 드론이 통과하고 골대에 빨

간 불빛이 반짝 들어오는 걸 보니 기분이 정말 날아갈 것처럼 좋았다.

두 번째 경기는 처음 페널티킥을 포함해 채원이가 무려 일곱 개의 골을 넣으며 끝났다. 준성이는 또다시 씩씩대며 자리에 주저앉았다.

"자, 모여보자."

경기가 끝난 후 선생님이 손뼉을 치며 아이들을 불렀다.

"한번 해보니까 어떤 부분을 더 연습해야 할지 알 것 같니?"

선생님의 질문에 아이들이 "네." 하고 대답했다.

"그럼 각자 오늘부터 어떤 연습을 더 중점적으로 해야 할지 돌아가면서 한 명씩 얘기해 볼까? 먼저 준성이부터….."

"저는 규칙부터 제대로 알아야 할 것 같고요….."

아이들이 웃음을 터뜨렸다. 준성이는 진지한 얼굴로 말을 이어갔다.

"처음부터 끝까지 드론에 잘 집중해야 할 것 같아요. 절대 한눈팔지 않도록 노력하려고요."

"좋아. 그럼 다음은 우진이?"

"저는 목적지에 정확하게 날아가는 연습부터 해야 할 것 같아요. 제가 이렇게까지 비행 조종을 못하는지 오늘 처음 알았어요."

우진이는 단단히 결심했다는 듯 말했다. 다음으로 선생님은 가윤이를 가리켰다.

"저는 수비할 때 공격수 드론이 날아오면 제 드론이랑 부딪칠까 봐

겁이 나서 막지 않고 피하기만 해요. 좀 더 용감하게 조종해야 할 것 같아요."

가윤이의 말에 고개를 끄덕이며 선생님이 채원이에게 물었다.

"자, 채원이는?"

"저도 집중하는 연습을 해야 할 것 같아요. 생각보다 경기 시간 3분이 무척 길었어요."

아이들 모두 공감한다는 듯이 고개를 끄덕였다.

"아, 저는요…."

마지막으로 남은 민아가 시키지도 않았는데 먼저 손을 들고 말했다.

"저는 그냥 드론 조종 기초부터 연습하려고요. 저, 진짜 너무 못하는 것 같아요."

민아가 양 볼을 감싸쥐며 말하자 아이들이 웃었다.

"자, 모두 무엇을 해야 할지 아주 잘 아는 것 같아서 선생님이 더 해 줄 말이 없네. 그럼 지금부터 딱 한 시간 동안 연습하고 끝내도록 하자."

"네!"

아이들은 조종기를 들고 각자 필요한 연습을 하기 시작했다. 채원이는 휴대전화로 타이머를 설정해서 딱 3분 동안 한 번도 쉬지 않고 골대와 농구대 꼭대기, 체육관 무대 위 등 다양한 목표지점에 정확히 날아갔다 오는 연습을 했다. 그렇게 같은 연습을 몇 번 더 한 후에는 가윤이의 연습을 도와 드론끼리 부딪쳐서 몸싸움하는 연습도 하고 또 민아의 비행 연습도 차근차근 도와주었다. 그렇게 첫 연습이 끝이 났다.

집에 온 채원이는 신발을 벗자마자 소파에 가방을 던지며 풀썩 주저앉았다.

"아이고. 대회 연습을 하느라 힘들었나 봐. 오늘은 리온이랑 놀아줄 컨디션이 아닌데?"

"네. 연습하는 동안 계속 서 있느라 다리도 아프고 드론을 놓치지 않고 계속 쳐다봐야 해서 눈도 너무 피곤한 것 같아요."

"오늘이 첫 연습인데 열심히 하느라 벌써 지친 것 같구나."

엄마는 미소를 띤 채 갓 구운 빵을 가져다주며 말했다.

"힘들긴 한데 정말 재미있어요."

채원이는 드론 축구는 어떻게 하는 건지, 오늘 무슨 연습을 했는지, 연습경기를 할 때 일곱 개의 골을 넣은 것까지 엄마가 저녁 준비를 하는 동안 옆에서 신나게 늘어놓았다.

 **몰입의 힘 키우기 9**

나의 목표를 이루기 위해 스스로 약속하기

- 자, 이제 여러분은 '나의 목표', '집중력', '그릿'까지 하고 싶은 일, 되고 싶은 것을 이루기 위한 자세가 준비되었습니다. 남은 것은 '실천'이에요. 내 마음 속에 있는 결심을 실천할 때 가장 강력한 힘은 바로 '스스로에게 약속하기'입니다.

나의 목표를 이루기 위한 서약서

나, ...(이름을 쓰세요)는
나의 목표인 ....(목표를 쓰세요)을/를 이루기 위해 계획한 것에 집중하고 끝까지 포기하지 않고 열정적인 끈기로 노력하고 실천하겠습니다.
나는 '할 수 없어'라는 부정적인 생각에 지지 않고 '잘해낼 수 있을 거야'라고 긍정적인 마음으로 스스로를 응원하겠습니다.
만약 나의 목표를 이루기 위해 노력하는 동안 중간에 아무리 힘들고 포기하고 싶은 마음이 생기더라도 스스로를 탓하지 않고 할 수 있는 데까지 최선을 다할 것을 약속합니다.
이제 나는 나의 무한한 가능성에 도전할 준비가 됐습니다!

날짜 .... 서명 ....

오늘의 몰입 한 줄 ★★★

나의 목표를 이루기 위해 스스로에게 약속하고 다짐하는 내용을 담은 서약서는 내 책상 위에 붙이거나 사진을 찍어 핸드폰 바탕화면에 저장해보세요. 눈에 잘 띄는 곳에 두고 자주 볼수록 약속한 대로 실천하고 싶은 마음이 계속 샘솟을 거예요!

 ## 결국 내가 해냈어, 해냈다고!

 첫 연습을 하고 3주의 시간이 흘렀다. 그동안 하루도 빠짐없이 맹연습을 해왔고 어느덧 대회를 코앞에 둔 주말이 되었다. 원래 주말에는 따로 모이지도 않고 연습도 하지 않았지만 이번 주는 특별히 연습 시간을 가지기로 다 같이 약속했다.

 연습하러 온 채원이와 가윤이가 체육관으로 들어서다가 깜짝 놀라 걸음을 멈추었다.

 "어머, 이게 뭐야?"

 "와, 오늘 진짜 대단하다!"

 오늘 체육관의 풍경은 평소와 전혀 달랐다. 골대는 실제 드론 축구 경기장과 똑같은 간격으로 두 개가 설치되어 있었고, 드론도 양쪽에 각 다섯 대씩, 모두 열 대가 준비되어 있었다. 그리고 처음 보는 낯선

분이 이지민 선생님과 함께 서서 이야기를 나누고 있었다.

"얘들아, 이쪽으로 와."

체육관에 펼쳐진 풍경을 멍하니 바라보고 있던 채원이와 가윤이를 향해 선생님이 손을 흔들었다. 가까이 다가가 고개를 숙이고 인사드리자 선생님이 옆에 있는 분을 소개해 주었다.

"인사해. 선생님의 학교 후배고 마찬가지로 학교 선생님이야. 이번에 이 학교에서도 드론 축구대회를 나간다고 해서 오늘 우리랑 연습 경기를 치러보면 좋을 것 같아서 초대했어."

소개가 끝나자 채원이와 가윤이는 꾸벅 인사를 했다.

"나는 최정민이라고 해. 너희들 정말 잘한다며? 오늘은 연습경기니까 살살하기다!"

그러자 이지민 선생님이 얼른 말을 끊으며 말했다.

"그런 게 어디 있어? 얘들아, 무조건 열심히 해, 열심히! 알았지?"

잠시 후 최정민 선생님네 학교 아이들이 도착해서 체육관으로 들어왔다. 뒤이어 준성이와 우진이, 민아도 들어왔는데 모두 체육관의 달라진 풍경에 깜짝 놀라 눈이 휘둥그레졌다.

"오늘 우리 진짜 열심히 하자. 절대 지지 말고!"

오늘도 승부욕으로 똘똘 뭉친 준성이는 몇 번이고 같은 말을 반복했다.

잠시 후 두 선생님이 각 학교의 학생들을 불러 모았다.

"이제 모의대회를 시작할게요. 지금 이곳이 실제 대회 경기장과 완벽하게 같은 환경이라고는 할 수 없지만 그래도 선생님들이 최대한 비슷하게 만들어 놨으니 오늘 연습경기가 아마 대회에 갔을 때 큰 도움이 될 것으로 생각해. 두 팀 모두 스포츠맨십을 가지고 정정당당하게 경기합시다. 경쟁은 절대 싸움이 아니라는 것도 잊지 마세요!"

선생님이 차분한 목소리로 아이들 한 명, 한 명을 바라보며 말했다. 이어서 최정민 선생님이 기본 규칙을 안내해주었다.

"한 경기당 3분씩 진행되고 총 3세트에 3판 2승제입니다. 만약 한 팀이 두 게임을 연속으로 이기면 승부가 결정된 것이니까 마지막 세 번째 경기는 진행하지 않아요. 대회 전에 하는 처음이자 마지막 실전 연습이니까 최선을 다합시다!"

"네!"

선생님의 당부 말씀에 아이들은 체육관이 왕왕 울리도록 큰소리로 대답했다.

두 학교 아이들이 조종기를 들고 경기장의 양 끝에 섰다. 그리고 잠시 후 호루라기 소리와 함께 윙윙거리며 열 대의 드론이 공중으로 떠올랐다.

"아, 이거 어떡해!"

채원이의 드론이 두 번째 점수를 올리고 물러나고 있을 때 갑자기 민아가 울상을 지으며 소리쳤다. 곧 상대편의 공격이 시작되어 수비하려면 골대 앞에 가까운 위치에 있어야 하는데 민아의 드론이 자꾸 흔들거리며 위치를 잡지 못했다. 옆에서 민아가 자꾸 소리를 지르는 통에 채원이는 자기 팀 수비수의 드론들을 살펴보느라 공격에 집중할 수가 없었다. 결국 첫 번째 경기는 8대 12로 채원이네 팀이 지고 말았다.

"야, 이민아! 너 소리 좀 안 지르면 안 돼? 너 때문에 시끄러워서 집중이 안 돼!"

첫 경기가 끝나자마자 준성이가 민아를 향해 버럭 화를 냈다.

"아니…, 나도 모르게 자꾸만 소리가 튀어나오는 걸 어떡해?"

민아는 기운이 빠지는 듯 풀썩 쪼그려 앉았다.

"얘들아, 지금은 누굴 탓할 때가 아니야. 팀으로 경기를 하는 거니까 서로 좀 잘못해도 응원하고 힘을 줘야지. 그리고 민아도 너무 불안해하지 말고 조금만 차분하게 해보자. 연습할 때는 지금처럼 하지 않았잖아. 그냥 평소에 매일 하던 연습이라고 생각하고 마음 편하게 해보는 거야."

선생님의 다정한 말에 민아가 천천히 일어서며 말했다.

"네. 다음 경기를 할 때는 잘할게요."

"그래, 분명 잘할 수 있어. 모두 너무 긴장하지 말고 최선을 다 해보자."

"네!"

선생님의 격려에 아이들 모두 힘차게 대답했다.

잠시 후 두 번째 경기를 위해 다시 경기장의 양 끝에 아이들이 모여 섰다. 이때 채원이는 마음속으로 다짐했다.

'아무것도 생각하지 말고 오직 드론만 생각하는 거야. 골을 넣는 것만 생각하자!'

잠시 후 호루라기 소리가 들리는 것과 동시에 채원이는 드론을 띄웠다. 그리고 상대 팀 골대에 두 골을 넣은 후였다. 갑자기 귀에서 윙 소리가 들리더니 체육관 안의 다른 소리가 전혀 들리지 않았다. 마치 지금 이 공간에 채원이 혼자만 서 있는 것처럼 느껴지고 오직 드론과 상대 팀 골대만 뚜렷하게 보였다.

그날 아이들은 결국 세 번의 경기를 치렀고 그중 두 번을 채원이네 팀이 이겼다. 이어서 진행된 연습 훈련이 모두 끝난 후에는 다 함께 피자와 치킨을 먹고 헤어져 집으로 돌아왔다.

"채원아! 요즘 드론 축구 연습은 잘하고 있어?"

집으로 오는 길, 맞은편에서 소민 언니의 목소리가 들려왔다. 경민 언니와 주원이랑 같이 강아지를 산책시키다 채원이와 마주친 것이었다. 오늘은 주말인데도 드론 축구 연습 때문에 과외도 못 하고 리온이의 산책도 주원이에게 부탁했었다.

"언니, 나 오늘 다른 학교 애들하고 연습경기 했는데 우리 팀이 이겼어!"

채원이가 잔뜩 신이 난 목소리로 자랑했다.

"와, 멋지다! 정말 축하해!"

집으로 가는 길 내내 채원이는 오늘 있었던 이야기를 줄줄이 늘어놓았다. 언니들은 채원이의 말에 맞장구를 쳐 주며 열심히 들어주었다.

"그런데 나 오늘 정말 신기한 일이 있었어."

채원이의 말에 무슨 일인지 궁금한 소민 언니가 바로 물었다.

"그게 뭔데?"

"귀에서 윙 소리가 났어."

"윙 소리? 너 그거 힘들었을 때….'

소민 언니가 어떤 말을 하려다 말았다. 그렇지만 채원이는 다 듣지 않아도 언니가 하고 싶은 말이 무엇인지 알 것 같았다.

"응, 맞아. 그때랑 똑같은 소리였어. 근데 이상해."

"뭐가?"

"분명히 그때 들었던 소리랑 똑같았거든. 윙 하는 소리가 나는 것도, 그 순간 나 혼자만 뚝 떨어져 있는 듯한 느낌을 받은 것도…. 그런데 오늘은 그런 게 하나도 무섭지 않고 기분 나쁘지도 않았어. 다른 건 아무것도 안 보이고 아무 소리도 안 들리고 오직 내 드론이랑 상대 팀 골대만 보이는 거야. 그래서 수비수 드론도 가뿐하게 휙휙 제치고 골도 엄청 많이 넣었다니까."

그때 경민 언니가 채원이의 어깨에 손을 두르며 말했다.

"몰입을 경험했구나."

"몰입?"

"응. 채원이 넌 그 순간에 완전히 몰입한 거야. 아마도 그때 드론도 막 네 마음대로 술술 조종되는 것처럼 느껴졌을걸?"

"맞아!"

"그건 네가 그 전에 여러 단계를 거치면서 몰입의 순간을 만들어 낸 거야."

"여러 단계?"

채원이는 고개를 갸웃거렸다.

"맨 첫 번째 단계는 드론을 조종하기로 마음먹은 단계이고 두 번째 단계는 아마 연습이겠지. 직접 해보면서 실수도 하고 부족한 점도 발견하면서 하기 싫고 또 포기하고 싶을 때도 있었지만 꾸준히 연습해 온 거야. 그러다 보니 어느덧 오늘의 순간까지 온 거지. 아마 연습경기 하기 전에 마음속으로 스스로 다짐도 여러 번 했을 거야…."

"맞아, 맞아!"

채원이는 연신 고개를 끄덕이며 뭔가에 홀리듯 대답했다.

"그런 과정들이 오늘 너의 몰입의 순간을 만들어 낸 거야. 어쩌다 저절로 단 한 번 그랬던 게 아니라…. 채원이 넌 오늘 정말 멋진 경험을 한 거야. 앞으로도 오늘의 기분과 감정, 느낌은 절대 잊히지 않을 걸?"

언니의 말에 채원이는 싱긋 웃으며 고개를 끄덕였다.

"절대 잘하지 못할 것 같은 일이었는데 순간 몰입해서 한번 해내게 되잖아? 그러면 앞으로 더 어려운 과제를 만나도 잘 해결할 수 있을 거야. 해낼 수 있다는 자신감을 느끼게 됐기 때문이지!"

경민 언니의 말에 채원이의 마음은 점점 더 두근거리기 시작했다.

"더 어려운 과제를 만나도?"

"응. 이를테면 드론 코딩 말이야."

"아, 내가 드론 코딩할 때도 이렇게 몰입할 수 있을까?"

채원이의 말에 경민 언니는 고개를 끄덕이며 말했다.

"당연하지. 넌 이미 어떻게 해야 할지 잘 알고 있잖아. 마음먹고, 연습하고, 다짐하고, 몰입하고…. 지금은 그 과정을 연습하는 단계지만 어떤 결과를 얻어야 하는 순간이 다가오면 아마 무섭게 몰입할 수 있게 될 거야. 오늘처럼 말이야! 그럼 그 결과도 아주 좋겠지."

"정말 그랬으면 좋겠다. 그런데 언니…."

"응?"

"오늘 귀에서 소리는 왜 났던 걸까? 그것도 예전에 들었던 그 윙 소리가…."

"글쎄. 그런데 이제는 그 윙 소리가 무섭지 않을 것 같은데? 네가 몰입한 순간 느꼈던 상태일 뿐이니까 이제부터 그까짓 윙 소리는 별 거 아니게 되는 거잖아."

가뿐하게 대답하는 언니의 말에 채원이의 마음도 한결 가벼워진 기분이었다. 언니들과 이야기를 나누는 사이에 어느새 집 앞에 도착했다.

"아, 대회 날은 우리 둘 다 응원하러 가기로 했어. 그러니까 그때까지 연습할 때마다 몰입해서 더 열심히 하는 거다?"

"정말로?"

"응. 경민 언니가 어제 응원 도구를 만들어야 한다면서 색지랑 꾸밀 거 이것저것 잔뜩 사 왔어. 보나 마나 나한테 시켜서 정작 만드는 건 내가 다 하겠지만….”

툴툴대는 소민 언니의 모습에 경민 언니도, 채원이도 웃음을 터뜨렸다.

* * *

드디어 드론 축구대회 날이 밝았다. 대회가 열리는 곳은 지난번 드론 코딩 대회 때 왔던 바로 그 체육관이었다. 오늘 대회에도 선생님이 빌려온 꿈동이 어린이집 차를 타고 체육관으로 왔다. 체육관 앞에는 저번보다 훨씬 더 많은 사람이 모여서 드론 공을 조립하거나 이야기를 나누고 있었다.

선생님과 아이들도 체육관 앞에서 드론에 공 모양의 틀을 씌운 후 1층 로비에서 드론의 무게를 검사받은 다음에 경기장으로 들어갈 수 있었다. 모의 경기를 한번 해봤기 때문에 경기장의 풍경이 낯설게 느껴지지는 않았다.

오늘 대회 참가 팀은 모두 열두 개의 팀이었다. 총 세 개의 조로 나누어 조별 예선 리그를 치러야 하는데 채원이네 팀은 그중 2조에 지명됐다. 2조에 속한 네 개의 학교 중 한 학교만 빼고 나머지 세 개의 학교가 모두 올해 처음 드론 동아리가 생기고 첫 출전을 하게 된 터라 실력이 어떤지 알 수가 없었다.

"얘들아, 여기 참가한 아이들 모두 너희와 같은 마음일 거야. 그러니까 너무 긴장하지 말고 평소처럼 연습한다고 생각해. 누구보다 많이, 그리고 열심히 연습한 건 너희를 따라올 수 없을 거야. 그러니까 자신감을 느끼면서 하는 거야!"

경기가 시작되기 전에 선생님은 아이들을 모이게 한 뒤 한 마디, 한 마디 힘주어 말했다.

"네!"

아이들은 입을 모아 힘차게 대답한 후 조종기를 들고 경기장으로 성큼성큼 들어섰다. 조별 예선 경기는 다른 세 팀과 각 1세트씩 경기를 해서 3분 동안 최대한 많은 골을 넣는 것이 중요했다.

'3분 동안만 무조건 집중하자. 딱 3분이야. 아무것도 보지도, 듣지도 말고 오직 내 드론이랑 상대팀 골대만 보자. 내 드론이랑 상대팀 골대!'

채원이는 머릿속으로 몇 번이고 되뇌었다. 그리고 얼마 후 경기 시작을 알리는 호루라기 소리가 들리고 드론 공들이 힘차게 떠올랐다. 곧바로 채원이가 노련하게 상대팀 수비수를 제치고 들어가더니 차분하게 첫 골을 기록했다. 순간 어디에선가 환호성이 들려오는가 싶더니 이내 귀에서 또 윙 소리가 났다. 이 넓은 체육관 경기장에 채원이와 드론만 존재하는 것처럼 느끼게 만드는 그 윙 소리가….

그렇게 세 번의 예선 경기가 모두 끝이 났다. 최종 점수를 확인하는 사이에 짧은 쉬는 시간이 주어졌다. 채원이는 응원하러 온 사람들을 만나러 얼른 관객석으로 올라가 봤다. 그곳엔 엄마와 아빠, 주원이, 경민 언니, 소민 언니가 반짝거리는 응원 머리띠를 하고 응원 피켓을 든 채 앉아 있었다.

"채원아, 어쩜 여기서 그렇게 목이 터질 듯이 네 이름을 불렀는데도 쳐다보지 않았니?"

엄마가 조금 궁금하다는 듯이 물었다.

"아무 소리도 들리지 않아서…."

채원이가 말끝을 흐리자 경민 언니가 한쪽 눈을 찡긋하며 엄지손가락을 치켜세웠다.

"역시 오채원! 오늘 경기에서도 완전히 몰입했구나? 멋지다!"

"너희 팀이 분명 1등 할 것 같아. 채원이 너 드론만 뚫어지듯 바라보며 정말 잘하던데?"

소민 언니도 양손의 엄지손가락을 치켜세우며 말했다. 그때였다!

"지금부터 조별 예선 경기 결과를 발표하겠습니다."

무대로 나온 진행자가 마이크를 들고 결과 발표를 시작했다. 채원이는 자신의 손을 꽉 잡는 소민 언니의 손을 마주 잡으며 진행자의 말에 귀를 기울였다.

"다음은 2조의 경기 결과입니다. 2조 1위는…."

채원이의 심장이 쿵쾅거리기 시작했다.

"해암초등학교입니다."

진행자의 말이 끝나는 순간 동시에 체육관에 가장 큰 환호성이 울려 퍼졌다.

"와!"

채원이네 팀도, 채원이를 응원하러 온 가족들과 두 언니 모두 체육관 지붕을 뚫을 것처럼 함성을 질렀다.

"너희가 1등일 줄 알았어!"

"정말 잘했어!"

"채원아, 고생했다!"

모두 돌아가며 채원이에게 한 마디씩 건넸다.

잠시 후 채원이는 바로 이어지는 본선 경기를 치르기 위해 다시 1층으로 내려왔다.

"애들아, 진짜 경기는 지금부터야. 본선은 토너먼트라서 한 경기라도 지면 바로 끝이란 말이야, 끝!"

준성이는 이글거리는 눈빛으로 아이들을 향해 소리 높여 말했다.

"아이고. 지금까지 해왔던 것처럼 이번에도 연습하듯 하면 돼. 단 어떤 결과가 나와도 후회하지 않도록 최선을 다하면 되는 거야."

선생님은 준성이의 어깨를 붙잡고 아이들을 향해 말했다.

"자, 우리 파이팅 한 번 외치고 들어갈까?."

선생님과 아이들은 둥그렇게 모여 서서 오른팔을 쭉 펴 손을 모았다. 그리고 머리 위로 손을 뻗어 올리며 가장 큰소리로 "파이팅!" 하고 외쳤다.

본선의 첫 번째 경기가 시작되었다. 채원이네 팀은 1조의 2위를 한 팀과 각각 경기장 양쪽 끝에 서서 서로 마주 봤다. 채원이는 심호흡을 한 번 깊게 들이마시고 조종기를 든 손에 힘을 주었다. 삑 하고 호루라기 소리가 들리자 열 대의 드론이 윙 소리를 내며 움직이기 시작했다.

공중에 떠오르는 드론을 보는 순간 채원이의 귀에서도 윙 소리가 들려오더니 주변의 다른 풍경은 모두 사라지고 상태팀의 골대를 향해 자신 있게 휙 날아가는 드론만이 또렷하게 채원이의 눈에 들어왔다.

'난 잘할 수 있는 사람이니까 걱정하지 않아도 돼. 나는 이제 어떤 일이든 잘 해낼 수 있어!'

다른 누가 말해주지 않아도 스스로 느끼는 자신감에서 나오는, 이제는 애써 노력하지 않아도 머릿속에 가장 먼저 떠오르는 그 생각들이 윙 소리를 뚫고 채원이의 머리와 마음속을 가득 채웠다.

최고의 몰입으로 목표를 이루자!

- 지금까지 우리가 거쳐온 과정이 재밌고 즐겁고 가슴 두근거리는 일이었나요? 모든 과정은 여러분이 '몰입'flow을 하기 위한 과정이었어요.
  몰입이란 '어떤 일에 푹 빠져서 주변의 모든 것이 사라지고 그 상태에 머무는 동안 시간이 가는 줄도 모르는 경험'이랍니다. 어떤 활동에 너무 열중해서 다른 어떤 것도 중요하지 않고, 그 경험 자체가 너무 즐거워서 계속하기 위해 무엇이라도 할 수 있을 만큼 빠져드는 것이죠.

- 나의 목표를 이루는 과정에서 '최고의 몰입'*을 경험해보기를 바랍니다. 최고의 몰입을 경험했을 때 느낄 수 있는 다음의 8가지 상태를 기억하세요!

  ① 온전한 집중
  ② 목표에만 집중하기
  ③ 시간이 빨라지거나 느려지는 느낌
  ④ 경험 자체가 보상 같은 느낌
  ⑤ 수월한 느낌
  ⑥ 힘들지만 지나치게 어려지는 않은 경험
  ⑦ 거의 저절로 행동이 이뤄지는 느낌
  ⑧ 하고 있는 일에 편안함을 느낌

  *《몰입》의 저자이자 심리학자인 미하이 칙센트미하이가 소개한 몰입의 8가지 특징

오늘의 몰입 한 줄 ★★★

이 책의 이야기에 몰입해서 끝까지 읽은 나에게 최고의 칭찬을 건넨다면 무엇이라고 말하고 싶나요? 책 한 권을 읽는다는 목표를 이룬 자신에게 **"나는 무엇이든 해낼 수 있어!"**라고 소리내어 말해보세요!